低空经济的过去、现在和未来

吴仁彪 著

电子工业出版社·

Publishing House of Electronics Industry

北京·BEIJING

内 容 简 介

低空经济是新质生产力的典型代表，属于新能源、5G/6G 通信、人工智能等新兴学科交叉融合的领域。2010 年中国民航大学首次提出了低空经济的概念，2024 年有望成为我国低空经济发展的元年。本书以民航人的专业视角，从技术和管理融合创新的角度，介绍了低空经济的概念和应用场景，分析了这波低空经济热形成的原因，回顾了上一轮通用航空热走过的弯路，对未来低空经济发展提出了著者独到的思考与建议，最后介绍了未来低空空管系统和安全管控关键技术，包括传统通用航空飞行服务站，未来低空飞行规则与自动化处理，无人机探测与反制，卫星导航干扰监测、定位与抑制等。本书包含著者团队大量相关科研成果和得到中央媒体报道与政府采纳的建言献策成果。

"对企业家而言，本书是战略性投资指南；对政策制定者而言，它揭示了塑造低空空域未来的关键监管考虑；对技术专家而言，它提供了不同治理模式下创新路径的深刻分析。"本书也适合航空、航天、民航类已经开设或即将开设低空经济相关学科专业的高校师生使用。

图书在版编目（CIP）数据

低空经济的过去、现在和未来 / 吴仁彪著. -- 北京 ：
电子工业出版社，2025. 7. -- ISBN 978-7-121-50533-1

Ⅰ. F562.3

中国国家版本馆 CIP 数据核字第 2025TR4660 号

责任编辑：米俊萍
印　　刷：河北迅捷佳彩印刷有限公司
装　　订：河北迅捷佳彩印刷有限公司
出版发行：电子工业出版社
　　　　　北京市海淀区万寿路 173 信箱　邮编：100036
开　　本：720×1 000　1/16　印张：15.75　字数：254 千字
版　　次：2025 年 7 月第 1 版
印　　次：2025 年 8 月第 3 次印刷
定　　价：88.00 元

凡所购买电子工业出版社图书有缺损问题，请向购买书店调换。若书店售缺，请与本社发行部联系，联系及邮购电话：（010）88254888，88258888。

质量投诉请发邮件至 zlts@phei.com.cn，盗版侵权举报请发邮件至 dbqq@phei.com.cn。

本书咨询和投稿联系方式：mijp@phei.com.cn。

推荐序一 | Preface

发展低空经济是以习近平同志为核心的党中央做出的重大战略部署，对实现中国式现代化具有重要意义。为贯彻落实党中央、国务院决策部署，地方政府和企事业单位积极抢抓机遇，布局发展低空经济，初步形成了具有一定规模的集聚效应和创新生态。从上海、广州、深圳、成都等城市，到长三角、粤港澳大湾区、东北、新疆等区域，纷纷争做"天空之城"。

低空经济的高质量发展离不开科学理论的指导，特别是今年两会对低空经济安全健康发展进行再部署、再要求。本书著者吴仁彪教授长期致力于民航空管通信导航监视、航空安全等领域的教学与研究工作，在智能信号与图像处理、空管和航空安全等方面提出了多项创新性理论和技术。吴仁彪教授长期担任全国政协委员和全国人大代表，还是中国航空运输协会理事，主持完成了国家首个通用航空领域重点项目，一直为低空经济的发展"鼓与呼"，以高水平建言献策助推低空经济高质量发展。这都为确保本书内容的高质量奠定了坚实的理论和实践基础。

本书从低空经济的概念与现状讲起，逐步展开对行业发展动因、历史演变的探讨，继而剖析关键技术支撑与政策建议，最终落脚于区域竞争力评价及未来展望，构建了"理论认知—历史回顾—技术攻关—战略前瞻"的完整框架。不管是对低空经济相关管理和从业人员，还是对在校老师和学生，本书都具有很强的指导借鉴意义和重要参考价值。

王昌顺

交通运输部原副部长

中国民航局原副局长

中国航空运输协会理事长

2025 年 3 月 28 日

推荐序二 │ Preface

　　2025 年两会后，听闻全国人大代表、中国民航大学副校长吴仁彪要出一本关于低空经济的书，甚感振奋。

　　吴校长还担任天津市欧美同学会副会长、欧美同学会研究院人工智能和数字经济研究中心专家委员、欧美同学会留美分会理事，我与他在欧美同学会开展活动时也多有交集。他既是我在欧美同学会的学长，也是我在高中母校湖北省孝感高级中学的学长。

　　吴校长是十一届至十三届全国政协委员、第十四届全国人大代表，还曾经担任中国航空运输协会（简称"中国航协"）通用航空分会协调负责人多年。他在 2008—2025 年，围绕通用航空、无人机和低空经济发展提了 20 多个提案、建议等。可以说，吴校长作为真正的民航业界专家，非常了解低空经济的前世今生，对于其发展过程中遇到的困难和瓶颈，以及如何破局，都有过详细的调研和深入的思考，这都是中国低空经济发展过程中值得认真研究的宝贵财富。

　　人工智能（Artificial Intelligence，AI）作为新一轮科技革命和产业变革的重要驱动力量，正在深刻改变人们的生产生活方式。对于低空经济来说，除了必须具备的作为保障的通信导航监视技术，AI 技术的应用可以赋能低空经济的发展。首先，AI 技术可以赋能城市低空交通的规划、运行和管理。其次，AI 技术可以优化无人机的飞行路线和任务规划。在飞行过程中，AI 技术可以实时监测环境变化，如遇到突发的气象条件或空域限制，能够迅速重新规划飞行路径，确保任务完成。AI 技术还可以通过优化飞行参数，减少能源消耗，提高无人机的运输效率。AI 技术通过分析无人机的性能数据，可以预测潜在的机械故障，以便提前安排维护。在城市低空交通管理中，AI 技术还可以协调不同无人机的飞行计划，避免空中拥堵，确保低空交通流畅。可以说 AI+低空适航管理是确保低空经济安全、有序发展的重要组成部分。

2023 年 12 月的中央经济工作会议吹响了低空经济发展的号角，全国 20 多个省、直辖市在 2024 年政府工作报告中都把低空经济作为新的经济增长点。2024 年的政府工作报告提出，积极培育新兴产业和未来产业……积极打造生物制造、商业航天、低空经济等新增长引擎。国家发展改革委专门成立了低空经济发展司，负责组织实施低空经济发展战略、中长期发展规划，提出有关政策建议，协调有关重大问题等。这意味着低空经济的发展已成为国家战略。2024 年有望成为低空经济发展的元年，在此背景下，更需要对于低空经济发展有深刻洞见的行业专家来提供真知灼见，吴校长这时决定把他多年关于低空经济发展的思考和智慧结晶结集成书，恰逢其时，功在当代。

不了解低空经济的过去，可能会造成重复建设，资源浪费。

不洞察低空经济的现在，可能会错过发展机遇，失去先机。

不畅想低空经济的未来，可能会落后于时代，最终被时代抛弃。

我曾对吴校长说过一句玩笑话：无人车（自动驾驶产业）、无人机（低空经济发展），有了吴仁彪的加持，就会一路狂飙。

最后以吴校长对于低空经济发展的九字箴言作为结尾：

飞得起，管得住，可持续！

祝吴校长大作大卖，中国低空经济健康可持续发展！

鲁俊群

清华大学人工智能国际治理研究院秘书长

欧美同学会研究院人工智能和数字经济研究中心执行主任

欧美同学会留美分会常务副会长兼秘书长

2025 年 3 月 24 日

推荐序三 | Preface

As the world accelerates toward the era of Advanced Air Mobility (AAM), the transition from Unmanned Aircraft Systems Traffic Management (UTM) to a dynamic ecosystem of electric vertical take-off and landing aircraft, drone deliveries, and urban air taxis is well underway. Leading this transformation is China, pioneering the concept of the Low-Altitude Economy(LAE)—a visionary, state-coordinated ecosystem that seamlessly integrates drones, logistics, emergency response, and even entertainment into a unified national strategy. Unlike the fragmented, market-driven approaches seen elsewhere, China's model prioritizes scale, integration, and infrastructure-backed deployment.

With an extensive and growing volume of drone flight hours across diverse vehicle types and complex terrains—from dense urban areas to remote rural landscapes—China has amassed an unparalleled dataset on low-altitude aviation. The daily and annual operational records generate vast amounts of data, which, if systematically analysed, will be crucial in ensuring safe and efficient operations. This mirrors what has been successfully implemented in the manned aviation and automotive industries—where real-world operational data could be leveraged to enhance safety, efficiency, and regulatory oversight. The sheer scale of China's real-world drone operations provides an unmatched practical, commercial, and regulatory learning opportunity for the global AAM community.

My passion for this field began during my tenure at the Air Traffic Management Research Institute(ATMRI) at Nanyang Technological University (NTU), Singapore, where I led a pioneering research project on Traffic Management for Unmanned Aircraft Systems (TM-UAS) in 2016. This initiative marked the start of my deep exploration into urban UTM and its challenges, particularly in highly urbanized environments like Singapore. Under my leadership, ATMRI secured multiple UTM-related research projects, expanding both our scope and expertise. My engagement in global policy discussions further enriched my understanding, particularly through participation in ICAO's Remotely Piloted Aircraft Systems Panel (RPASP) meetings and Drone Enable symposiums in Montreal, Canada. I still vividly recall my first presentation at ICAO's inaugural Drone Enable event in 2017, where the team's insights into urban traffic management for unmanned systems resonated with regulators and industry leaders, sparking discussions that continue to shape global UTM strategies.

When I first encountered China's Low-Altitude Economy, I was electrified. Here was a bold, strategically coordinated national initiative—an even more ambitious realization of the urban air mobility ecosystem I had long envisioned. My excitement deepened when I discovered Professor Renbiao Wu's seminal work, a book I had long awaited to comprehensively understand China's LAE in all its dimensions. Professor Wu, a leading authority on aerial regulatory frameworks and strategic implementation, is frequently sought after by policymakers and the media, as evidenced by the extensive references in Chapters 4 and 5 of this book. His work represents the first exhaustive comparative study of China's Low-Altitude Economy, examining not only its technological advancements but also its economic, regulatory, and societal implications. It provides a clear roadmap, tracing the origins, current landscape, and future trajectory of this revolutionary field.

Globally, Advanced Air Mobility has been driven largely by private-sector innovation, fuelled by venture capital and regulatory sandboxes. Yet, progress remains uneven, hindered by fragmented regulations, public scepticism, and high infrastructure costs. China, however, has taken a fundamentally different approach—one based on state-backed infrastructure, large-scale integration, and long-term strategic planning. Rather than treating low-altitude airspace as an incremental regulatory challenge, China approaches it as a national utility, much like highways or 5G networks. As this book details, the Chinese government has established specialized economic zones, invested heavily in digital airspace management, and actively incentivized drone applications across agriculture, surveillance, logistics, and e-commerce.

For entrepreneurs, this book serves as a strategic investment guide. For policymakers, it provides a crucial understanding of the regulatory trade-offs shaping the future of low-altitude airspace. For technologists, it offers an insightful analysis of innovation under different governance models. Having worked on unmanned aircraft systems traffic management since its inception, I believe this is the most important book yet on the global competition for low-altitude airspace. The winner of this race will not only dominate aviation but will also reshape global supply chains, smart cities, and national security, etc.

The skies are no longer the limit—they are the next frontier of economic transformation. And China's Low-Altitude Economy is leading the charge. Professor Wu's insights are indispensable for anyone preparing for this skyborne revolution.

Fasten your seatbelt—this book is a fascinating journey into the future of flight.

Dr. Low, Kin Huat

Distinguished Professor
Research Institute of Airspace Integration & Safe Operation
Civil Aviation University of China, China

Honorary Fellow, Singapore Institute of Aerospace Engineers, Singapore

Programme Director, Urban Aerial Transport Traffic Management and Systems
Air Traffic Management Research Institute
Nanyang Technological University, Singapore (2018—2023)

Professor, School of Mechanical & Aerospace Engineering
Nanyang Technological University, Singapore (1988—2023)

Among the "World's Top 2% Scientists" listed by Stanford University
(2020—2024)
Singapore, March 2025

"推荐序三"的中译文 ｜ Preface

　　随着世界加速迈向先进空中出行（Advanced Air Mobility，AAM）时代，从无人机交通管理系统（Unmanned Aircraft Systems Traffic Management，UTM）向一个动态生态系统，包括电动垂直起降航空器、无人机物流和城市空中出租车等的转型正在进行。引领这一变革的正是中国，它开创性地提出了"低空经济"（Low-Altitude Economy，LAE）这一国家协调一致的愿景式生态系统，将无人机、物流、应急救援甚至娱乐无缝整合为统一的国家战略。与全球其他地区各自为政、市场驱动的模式不同，中国的模式优先注重规模化、集成化和基础设施支撑的部署。

　　凭借多样化飞行器在复杂地形（从密集城区到偏远乡村）中积累的庞大且持续增长的飞行时长，中国已掌握全球无与伦比的低空航空数据集。每日和年度的运行记录产生了海量数据，若系统分析这些数据，将成为确保低空运行安全和高效的关键。这与有人航空和汽车行业的成功实践是一致的——通过挖掘真实运营数据提升安全性、效率与监管能力。中国实际运行无人机的庞大规模，为全球 AAM 同行提供了独一无二的实践、商业和监管学习机遇。

　　我对这一领域的热情始于在新加坡南洋理工大学（NTU）空中交通管理研究所（ATMRI）任职期间。2016 年，我主导了首个无人机系统交通管理（TM-UAS）研究项目，由此开启了针对城市 UTM 的深度探索，尤其是在新加坡这类高度城市化环境中面临的挑战。在我的带领下，ATMRI 承接了多个 UTM 相关研究项目，不断扩展研究边界与专业能力。通过参与国际民航组织（International Civil Aviation Organization，ICAO）遥控驾驶航空器系统专家组（RPASP）会议和加拿大蒙特利尔无人机赋能大会（Drone Enable）等全球政策讨论，我的认知进一步深化。我仍清晰记得 2017 年在 ICAO 首届无人机赋能大会上演讲的场景——团队对无人系统城市交通管理的洞见引发了监管机构与行业领袖的共鸣，相关讨论至今仍在影响全球 UTM 战略。

初次接触中国低空经济时，我深感震撼。这一国家级战略举措大胆且高度协同，其愿景甚至超越了我对城市空中交通生态系统的长期构想。而当我读到吴仁彪教授的著作时，这种兴奋感愈发强烈——这部作品正是我期待已久的、全方位解读中国低空经济的权威指南。作为航空监管框架与战略实施领域的顶尖专家，吴教授备受政策制定者和媒体推崇（本书第 4 章和第 5 章引用的广泛报道便是明证）。他的研究首次系统地描绘了中国低空经济的全貌，不仅剖析其技术发展，还深入探讨了其涉及的经济、监管和社会影响。该书给出了一个清晰的路线图，包括这一革命性领域的起源、现状与未来愿景。

在全球范围内，AAM 主要由民营企业创新驱动，依托风险投资和监管政策。然而，不成体系的法规、公众疑虑和高昂基础设施成本导致其发展参差不齐。中国则采取了根本不同的路径——以国家主导的基础设施建设、大规模集成和长期战略规划为基石。不同于将低空空域视为增加的监管挑战，中国将其定位为国家公用事业，如同高速公路或 5G 网络。如本书所述，中国政府已建立专项经济示范区，重金投入数字化空域管理，并积极推动无人机在农业、安防、物流和电商等领域的应用。

对企业家而言，本书是战略性投资指南；对政策制定者而言，本书揭示了塑造低空经济未来的关键监管考虑；对技术专家而言，本书提供了不同治理模式下创新路径的深刻分析。作为 UTM 领域的早期研究者，我认为这是迄今为止关于低空经济领域全球竞争最重要的著作。这场竞赛的胜利者不仅将主导航空业，更将重塑全球供应链、智慧城市与国家安全格局等。

天空不再有边界——它是经济转型的下一个前沿。而中国的低空经济正引领这场变革。吴教授的洞见对任何准备迎接这场空中革命的人而言都不可或缺。

系好安全带——本书将带你开启一段迷人的未来飞行之旅。

罗锦发

中国民航大学空域融合安全运行研究院蓝天学者特聘教授

新加坡航空航天工程师学会荣誉会士

新加坡南洋理工大学空中交通管理研究所

城市空中交通管理与系统项目主管（2018—2023）

新加坡南洋理工大学机械与航空航天工程学院教授（1988—2023）

入选美国斯坦福大学发布的"全球前 2%顶尖科学家"（2020—2024）

2025 年 3 月

于新加坡

推荐序四 | Preface

　　在当今这个瞬息万变的时代，低空经济和航空运动的兴起既是科技进步的体现，也是人类对于自由探索和创新精神的追求。对我而言，低空经济不仅是一个商业机会，更是重新定义生活方式和交通方式的契机。回顾历史，飞行的梦想一直吸引着无数人。无论是在清晨的天空中顺风滑翔，还是在低空中自如穿梭，这种自由感不仅是人类体验到的快乐，更是对人类勇气与智慧的挑战。随着无人机及小型航空器的兴起，全球对低空经济的关注与日俱增，这不仅改变了我们的视野，更引领我们进入一个以前想象中无法触及的领域。

　　在相关技术进步的持续推进下，低空经济的潜力正逐渐显现，为我们的生活与商业带来前所未有的变革。无人机的应用范围已经超越了传统的商业快递和农业监测，还涵盖了人道援助、环境监测、城市管理等多个范畴。想象一下，在自然灾害发生后，无人机能够迅速运送急救物资到最偏远的地区，不但能够挽救生命，还能带来希望与重建的机会。从商业的角度来看，低空经济同样为企业创造了全新的商机。随着市场对空中服务需求的上升，创新企业得以探索新的盈利模式，无论是智能城市的运营管理还是个性化的空中旅游，这股浪潮都将彻底改变我们的生活方式。

　　同时，航空运动有助于旅游业的转型升级和促进地方经济发展。中国拥有丰富的自然资源和多样的文化，为航空运动旅游提供了良好的条件。许多城市和地区开始利用自身的地理优势，将航空运动融入旅游和休闲产业中。从热气球体验到低空飞行观光，这些活动不仅扩展了旅游产品的种类，还提升了旅游的附加值，促进了地区旅游业从传统观光向体验型转变。航空运动提供的独特视角和体验，将吸引越来越多的高端旅游消费者，并为当地的文化传播和自然风光展示提供一个平台，有助于提升社会的整体经济活力。

然而，我们在享受这些变革的同时，也面临许多挑战。随着飞行密度的增加，航行安全和飞行规范的制定成为首要关注的焦点。我们在享受科技进步带来的便利时，必须保持对安全的高度警觉，因为任何飞行过程中的意外事件都可能导致严重的后果。有效管理空中交通，避免不同类型飞行器之间相互干扰，成为技术发展的重要挑战，这需要依赖科技创新来提升空域管理的效率，并加强对飞行器驾驶者的培训和认证。

在我看来，航空运动在中国的低空经济中具有深远而重要的意义。它不仅丰富了人们的生活方式，还为经济增长、技术创新、社会责任和环保意识的提升提供了新的方向与机遇。它对于低空经济市场的培育也至关重要，只有爱飞和会飞的人才会购买飞机。展望未来，随着政策的逐步完善和市场的不断扩展，我们将见证低空经济的蓬勃发展，而航空运动在这一过程中将扮演不可或缺的角色，成为我们日常生活中不可分割的一部分。这样的未来，令人期待与振奋。

在中国航空运动协会领导的引荐下，我有幸认识本书的著者吴仁彪教授。他在担任中国航空运输协会通用航空分会原协调负责人期间，非常重视青少年航空运动的发展，曾经应邀为两种青少年航空运动教材题写序言。吴教授现在也应邀担任中国香港无人机运动总会的荣誉顾问。我郑重推荐此书。

郑伟杰

国际航空运动协会执行委员

中国香港无人机运动总会主席

2025 年 3 月 25 日

自序 | Foreword

2025 年春节前后，DeepSeek 横空出世，在国内外引起了广泛关注。2025 年 2 月 18 日是我的生日，当天晚上有点睡不着，于是我躺在床上玩 DeepSeek，用它查我关于通用航空、无人机、低空经济发展方面的主要观点。没想到，它把我自 2008 年以来发表的所有相关文章、媒体报道资料全部收齐，并非常系统地总结了我的主要观点。我兴奋得有点睡不着，于是在 19 日凌晨 4 点半来到学校办公室，喝了 4 杯咖啡提神，不到半天就按图索骥找到了我发表的所有相关论文和媒体报道资料，决定写一本关于低空经济的专著，也因为电子工业出版社早就约稿了。

2024 年，低空经济首次写进政府工作报告，立即在全国各地掀起了一股热潮，至今仍方兴未艾，全国 100 多个地方政府出台了促进低空经济发展的实施意见，2024 年有望成为低空经济发展的元年。

其实，低空经济不是新概念，2010 年就由中国民航大学通用航空研究中心在民航"十三五"通用航空专项规划项目研究报告中提出。2011 年年初，该概念研究报告在《中国民航大学学报》正式发表。早在 2010 年，国家就将通用航空作为战略性新兴产业培育。2016 年，国务院办公厅出台了《关于促进通用航空业发展的指导意见》，对加快通用航空发展做出战略性部署。虽然大家对于"低空经济"与"通用航空产业"的关系有不同的学术解读，但我个人认为，"低空经济"其实就是"通用航空产业"的代名词，如同"银发经济"与"养老产业"的关系一样，

"所谓通用，就是大家都用"，通用航空本身就包括无人机和航空体育运动。

2024 年全国两会结束之后，我先后应邀到深圳、上海、苏州、杭州、青岛、天津等地做报告 20 多场，以内部交流方式为主，报告题目是"我国低空经济发展的思考与建议"，我边作报告、边调研、边完善报告内容。我一直有个想法——有朝一日把自己所思所想写成书。感谢 DeepSeek，它对我下决心写书发挥了临门一脚的作用。

我一直从事民航空管通信导航监视方面的教学与科研工作，先后担任过中国民航大学空中交通管理学院和电子信息工程学院院长，主要研究领域包括雷达信号处理，卫星导航干扰监测、定位与抑制，智能信息处理等。2011—2014 年，我主持完成了国内首个通用航空领域重点项目"通用航空综合运行支持系统"（"十二五"国家科技支撑计划项目），研究成果于 2016 年应邀参加了国家"十二五"科技创新成就展。无线电干扰是低空飞行器将来必须面对的技术挑战之一。我们团队出版了国内首部卫星导航系统自适应抗干扰专著，并被科学网以精选博文的方式重点推荐。目前，我们团队正承担国家自然科学基金重点项目"新型无线电干扰对民航 GNSS 的影响评估和空地协同分级监测与定位技术研究"，2025 年年底也即将出版国内首部相关专著。

我曾经担任中国航空运输协会（简称"中国航协"）通用航空分会协调负责人。在此期间，我广泛与通用航空和无人机企业接触，非常了解它们发展面临的困难。在上一轮通用航空热期间，很多地方借通用航空热炒概念，建了不少通用航空或航空产业园，现在很多处于闲置状态，或者项目与园区定位不符。为了通用航空产业健康发展，在担任通用航空分会协调负责人期间，我一直呼吁通用航空产业发展要聚焦三大热点：立足国内培养民航飞行员，发展无人机产业和航空体育运动。从 2018 年开始，通用航空分会就开始单独发布《中国无人机产业年报》，并与中国航空运动协会（也简称"中国航协"）建立了密切的合作关系。在 2019 年武汉市举行的世界飞行者大会上，我应邀做了题为"两个'中国航协'携手，协同推进中国通用航空和航空运动发展"的大会报告。很高兴，现在民航飞行员培养基本上全部在国内完成，原来是一半送到国外培养；中国无人机技术和产业现在发展迅猛，在世界上处于比较领先的位置，成为这波低空经济热的推手；中国航空运动协会 2017 年就申办设立并于 2018 年成功举办了首届世界无人机锦标赛，这是继武术之后我国申办设立成功的第二个国际体育赛事，体现了我国无人机技术和产业影响力得到国际认可。

我是十一届至十三届全国政协委员，现在是第十四届全国人大代表。我利用自己全国政协委员和全国人大代表的身份，一直积极向国家有关部门建言献策，为通用航空、无人机和低空经济的安全健康发展"鼓与呼"。从 2008 年至今，我先后提交了 20 多个提案、建议和社情民意信息，其中两个获国家领导批示，一个提案被评为全国政协 2021 年度好提案。2025 年全国两会期间，我的多个建议得到人民日报社、新华社、中央电视台等中央头部媒体的广泛报道。

下定决心写此书后，我搜索了全国已经出版的低空经济专著，2024年一年之内居然有 7 部之多，倍感压力。其作者来自各行各业，但没有一位是做民航工作的，航空界的也很少。低空经济要发展，安全是底线，"只有管得住，才能放得开"。中国民航局代表国家在低空安全监管方面承担重要职责。美国发展先进空中出行（AAM），就是由美国联邦航空管理局（Federal Aviation Administration，FAA）牵头负责，成立交通部 AAM 机构间工作组。作为一名民航人，我觉得有必要尽义务，通过出版图书来分享自己 15 年来从事低空经济科研和相关分会管理工作的体会，希望为低空经济高质量发展提供借鉴。

本书是一部集政策建议和技术研发于一体的专著。第 1 章介绍了低空经济的概念和应用场景；第 2 章解释了为何会出现这波低空经济热；第 3 章回顾了建党百年低空经济的发展历程，总结了上一轮通用航空热的教训；第 4 章介绍了 2024 年之前我对于传统通用航空和无人机产业发展建言献策的情况；第 5 章介绍了 2024 年至今我对于低空经济发展建言献策的情况，尤其是 2025 年全国两会期间最新的建议和采访报道；第 6～9 章从技术角度对低空经济发展进行了探讨，其中第 6 章介绍了我们团队完成的通用航空综合运行支持系统研究成果，第 7 章介绍了机场应用无人机探测与反制技术应该注意的问题，第 8 章介绍了低空飞行器机载卫星导航系统可能面临的无线电干扰问题与对策，第 9 章探索了未来低空智能飞行服务和保障技术；第 10 章探索了引导地方健康发展低空经济的区域竞争力评价指数；第 11 章描绘了我的未来低空飞行梦。

特别感谢四位领导/专家在百忙之中拨冗为本书撰写推荐序，他们是交通运输部原副部长、中国民航局原副局长、中国航空运输协会理事长王昌顺；清华大学人工智能国际治理研究院秘书长、欧美同学会研究院人工智能和数字经济研究中心执行主任、欧美同学会留美分会常务副会长兼秘书长鲁俊群；新加坡南洋理工大学空中交通管理研究所城市空中交通管理与系统项目原主管、新加坡航空航天工程师学会荣誉会士、中国民航大学空域融合安全运行研究院蓝天学者特聘教授罗锦发；国际航空运动协会执行委员、中国香港无人机运动总会主席郑伟杰。

感谢中国航空运输协会各位领导和同人，包括理事长王昌顺先生、常务副理事长潘亿新先生、副理事长任英利先生、原理事长李军先生、理事长助理丁跃和朱耀春先生、原监事长刘树国先生、秘书长孙静女士、通用航空业务部总经理杜万营先生、通用航空业务部原总经理孙卫国先生、研究咨询中心副主任张宏敏先生，以及我担任通用航空分会协调负责人期间通用航空分会的各位同人。

感谢中国民航大学天津市智能信号与图像处理重点实验室承担本书部分内容素材整理和校稿工作的老师与学生，包括章涛教授、王晓亮副教授、韩雁飞博士生、王鹏博士生、王璐讲师、宫峰勋教授、刘海涛教授、汪万维副教授、沈笑云研究员、王健讲师、贾琼琼副教授、杨俊博士、陈敏博士生、孙政博士后和周月颖博士生。

本书部分工作得到了国家自然科学基金民航联合基金重点项目（U2133204）的资助。

下面，我引用 DeepSeek 写的一首藏头诗来结束我的自序，并展望未来低空经济的发展：

低空经济

低云薄雾漫苍穹，

空域腾飞科技功。

经略宏图织锦绣，

济时伟业贯长虹。

注：此藏头诗以"低空经济"四字起首，每句七言。诗中"低云薄雾"暗喻低空领域的广阔空间，"科技功"体现无人机、智慧物流等科技支撑，"经略宏图"指低空经济顶层设计，"济时伟业"彰显其惠民利国的时代价值，结尾"贯长虹"喻示产业蓬勃发展的壮丽前景。

是为序。

吴仁彪

2025 年 3 月 10 日

于北京西直门宾馆（全国两会天津代表团驻地）

目录 | Contents

第 1 章

低空经济的概念和应用场景

1.1　引言

在经济多元化发展的浪潮中，低空经济正悄然兴起，成为推动产业升级与创新发展的新引擎。低空经济是新质生产力的典型代表。本章将深入探讨低空经济的定义、基本构成、产业基本架构及主要应用场景，为后面探讨如何发展低空经济打基础。

1.2　低空经济的定义

"低空经济是以低空空域为依托，以各种有人驾驶和无人驾驶航空器的低空飞行活动为牵引，辐射带动相关领域融合发展的综合性经济形态。"这一概念首次由中国民航大学科研团队于 2010 年提出，但各机构给出的定义稍有不同，上面引用的是粤港澳大湾区数字经济研究院的定义。

低空经济的核心在于通过开放低空空域，释放其经济潜力，推动技术革新与产业融合。与传统航空经济相比，低空经济更强调"低空专属场景"的开发和多元化应用。

低空经济的定义涵盖了以下几个关键要素。

（1）低空空域：低空经济的核心依托是低空空域资源。低空空域指距离地面一定高度范围的空域，通常指从地面到 3000 米以下的空域。这个空域具有独特的物理特性和使用价值，是低空经济活动的主要舞台。

（2）航空器飞行活动：包括有人驾驶和无人驾驶航空器的低空飞行活动。这些飞行活动是低空经济的直接表现形式，涵盖了农业、林业、渔业、矿业、建筑业、交通运输业等多个领域的应用。

（3）相关领域融合发展：低空经济并非孤立存在，而是与信息技术、材料科学、智能制造等相关领域深度融合，形成跨行业、跨领域的综合性经济形态。这种融合不仅推动了低空经济自身的发展，也为相关产业带来了新的发展机遇。

低空经济的定义强调了以低空飞行活动为牵引，覆盖了生产、服务、管理全链条，最终实现了经济价值与社会效益的协同提升，反映了其作为新兴经济形态的综合性、创新性和带动性。

1.3 低空经济的基本构成

低空经济的基本构成涵盖了多个关键方面，共同构建了集制造、设施、服务、应用于一体的"四张网"，包括低空制造、飞行保障、综合服务及飞行活动，它们相互关联、相互支撑，共同构建了低空经济的坚实基础。低空经济的基本构成如图 1-1 所示。

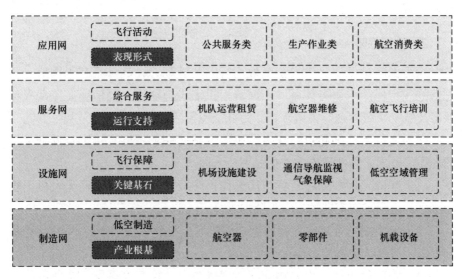

图 1-1　低空经济的基本构成

1. 低空制造

低空制造是低空经济的产业根基，主要包括航空器生产制造的相关环节。其中，航空器整机制造处于核心地位，涉及直升机、无人机、eVTOL（电动垂直起降航空器）、飞行汽车等各类航空器的研发与生产。

不同类型的航空器满足多样化的市场需求，如直升机凭借其垂直起降和灵活机动的特点，广泛应用于应急救援、农林作业等领域；无人机近年来发展迅猛，在航拍、测绘、植保等众多场景中展现了独特优势；eVTOL和飞行汽车作为新一代绿色智能载运装备，凭借其零排放的环保特性和点对点运输的优势，将在未来城市空中交通领域大放异彩，不仅能够有效缓解地面交通拥堵，更可通过构建空中通勤走廊，在城际快线、商务摆渡、医疗转运等高端短途客运场景中实现突破性应用，与直升机、无人机等既有航空器形成多维互补的立体交通网络。

除了整机制造，零部件加工同样不可或缺。从航空器动力系统的关键部件到各类精细的机载设备，零部件的质量和性能直接影响航空器的整体品质。先进的制造工艺和技术是提升低空制造水平的关键，通过不断创新和优化生产流程，提高零部件的精度和可靠性，能够增强我国在全球低空制造领域的竞争力。

2. 飞行保障

飞行保障是低空经济安全高效运行的关键基石，其核心在于构建一套完善的飞行保障与服务体系，全面覆盖机场设施建设、通信导航监视气象保障及低空空域管理等关键领域，为低空飞行活动提供全方位支持。

作为飞行活动的起点与终点，机场设施的完善程度直接影响低空经济的规模化发展。其建设重点包括如下几方面。

（1）起降场地规划：科学布局通用机场、直升机起降点及无人机垂直起降平台，满足航空器的日常起降需求。

（2）功能配套升级：完善跑道、停机坪、机库、油料/电力补给站等基础设施，适配航空器的多样化运行需求。

（3）智慧化改造：引入物联网传感器与自动化调度系统，实现设施状态实时监控与资源动态调配，降低运营成本。

低空飞行活动的高度复杂性与密集性，要求通信导航监视气象系统具备高精度、强抗干扰与广域覆盖能力，从而推动空域数据共享与跨部门协同，该系统的核心功能如下。

（1）精准导航定位：借助北斗、GPS 等多星融合技术，构建低空专属高精度定位网络，为航空器提供高精度实时定位服务，适配城市复杂地形的导航需求，为城市楼宇等密集区域提供精准定位服务。

（2）多模通信网络：集成多类无线通信方式，构建空天地一体的通信架构，保障低空全域、全时段通信链路稳定，适配应急救援、物流配送等多样化任务，确保山区、海上等信号盲区的通信连续性。

（3）动态监控与预警：实时处理雷达、5G-A、ADS-B（广播式自动相关监视）、Remote ID、物联网传感器等数据，实现飞行动态实时监控（包括合作与非合作目标）、冲突预警与智能避障，保障低空空域的安全运行。

（4）实时气象观测：除了利用气象预报数据，还实时接收地面气象观测数据，并建立基于机载传感器的实时气象观测体系，持续进行气象态势的动态感知，确保全飞行周期的飞行安全。

空域作为稀缺资源，其精细化管理是避免飞行冲突、释放经济价值的关键，具体实施路径包括如下方面。

（1）空域分类划设：根据低空运行特性与安全风险等级，科学划分空域类别，建立与高空航路协同的立体分层体系，提升空域资源利用效率。

（2）动态调配机制：依托空域大数据平台实现空域容量实时评估，通过智能算法动态调整临时空域范围，支持多部门协同决策，保障常态化运行与应急任务的灵活切换。

（3）规则标准化：制定统一的低空飞行审批流程、目视/仪表/数字飞行规则及特殊场景运行规范，建立跨区域监管互认机制，推动跨区域飞行协议落地实施。

3. 综合服务

综合服务为低空经济提供全方位的运行支持，包括机队运营租赁、航空器维修、航空飞行培训等。

机队运营租赁涉及航空器的管理、调度和租赁服务，通过科学的运营管理，提高机队的利用率，降低运营成本。

航空器维修是保障飞行安全的关键环节，依靠专业的维修团队和先进的维修技术，能够及时发现和排除航空器的故障隐患，确保其性能始终处于良好状态。

航空飞行培训培养大量专业的飞行人才，包括各种有人驾驶和无人驾驶飞行员、机务人员等，为低空经济的持续发展提供人力保障。

4. 飞行活动

飞行活动是低空经济的核心表现形式，可分为多个类别，主要包括公共服务类、生产作业类、航空消费类等。

公共服务类飞行活动，如医疗救护、应急救援等，直接关系到社会民生和安全保障。在医疗救护中，低空航空器能够快速运输医疗物资、转运患者，为挽救生命争取宝贵时间；应急救援时，低空航空器可以深入灾区，进行灾情侦察、物资投放和人员救助等工作。

生产作业类飞行活动对经济发展起着重要推动作用，如农业植保、航空测绘等。农业植保能够高效地进行化肥和农药喷洒，提高农业生产效率，减少人工成本；航空测绘为城市规划、土地开发等提供准确的数据支持。

航空消费类飞行活动通过构建"低空+文旅"的新业态，正成为满足人们个性化体验需求的重要载体，如景区飞行体验、城市低空巡游等项目，不仅使参与者以全新视角领略山川湖海的壮美画卷，更通过航拍摄影、主题社交等衍生服务创造独特消费价值。这类沉浸式体验项目在刺激文旅消费升级的同时，也助推通用航空产业创新转型，持续释放低空经济的社会效益与商业潜能。

1.4 低空经济产业的基本架构

低空经济产业的基本架构呈现清晰的上下游协同发展态势，涵盖了从生产制造到行业应用的多个环节，各环节相互依存、相互促进，共同构成了一个有机的整体。低空经济产业的基本架构如图1-2所示。

1. 上游：生产制造

上游是生产制造环节，涵盖了从核心部件到整机的研发与生产。整机是产业链的核心，包括消费无人机、工业无人机、军/警无人机及 eVTOL/飞行汽车等多种类型。消费无人机主要面向个人用户，用于航拍和娱乐；工业无人机则专注于巡检、测绘、物流等专业领域；军/警无人机用于边境巡逻、军事侦察等特殊场景；而 eVTOL 和飞行汽车则代表了未来交通工具的新方向。与此同时，机外载荷的开发也至关重要，摄像机、传感器等设备实时收集飞行数据，直接决定了航空器在实际场景中的智能化表现。核心部件则是航空器性能的基础，航电系统、飞控系统、电池、电机、芯片模组和机体材料共同决定了航空器的飞行性能与稳定性，为整个低空经济产业链提供了坚实的技术支撑。

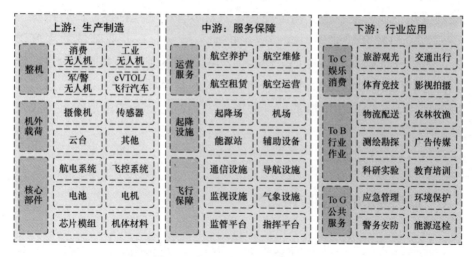

图 1-2　低空经济产业的基本架构

2. 中游：服务保障

中游是低空经济产业链的枢纽，主要包括运营服务、起降设施和飞行保障。运营服务是中游的重要内容，包括航空养护、维修、租赁和运营等业务。这些服务确保了航空器的长期稳定运行，降低了用户的使用门槛，同时推动了航空器的商业化应用。与此同时，起降设施的建设为航空器的运行提供了必要的基础设施支持，包括起降场、机场、能源站和辅助设备等。这些设施不仅保障了航空器的起降安全，还为其提供了能源补给和维护支持。此外，飞行保障是中游环节的核心组成部分，涵盖通信设施、导航设施、监视设施、气象设施，以及监管平台和指挥平台。这些设施和平台确保了航空器的飞行安全与高效运行，为下游应用提供了可靠的运行保障。

3. 下游：行业应用

下游是低空经济产业链的终端环节，涵盖了航空器在 To C（面向消费者）、To B（面向企业）和 To G（面向政府）三个方向的广泛应用。在 To C 领域，航空器主要用于娱乐消费，如旅游观光、交通出行、体育竞技和影视拍摄等场景，为个人用户提供了全新的体验和视角。To B 领域则聚焦行业作业，包括物流配送、农林牧渔、测绘勘探、广告传媒、科研实验和教育培训等，这些应用推动了航空器在专业领域的深度渗透，为提升行业效率提供了技术支持。To G 领域则以公共服务为主，涵盖应急管理、环境保护、警务安防和能源巡检等场景，航空器在这些领域的应用不仅提高了政府的公共服务能力，还为社会的稳定和可持续发展提供了保障。

1.5 低空经济的主要应用场景

中国航空学会于 2024 年发布了《2024 低空经济场景白皮书》，该白皮书系统构建了低空经济领域的应用场景分类体系。其依据国民经济行业分类标准，将低空经济应用场景归入十六大行业门类，涵盖从基础产业到现代服务业的完整谱系。

1. 物流配送

实现物料、快递、生鲜、药品等物资的立体化运输网络，突破地面交通限制，构建快速响应、精准直达的智慧物流体系，提升场景配送效率与应急保障能力。

2．应急管理

开展山地/海上搜寻救援、火灾扑救、医疗救护等立体化应急救援，快速响应地实现灾情侦察与物资投送，显著提升灾害处置效率与生命安全保障能力。

3．旅游观光

通过空中游览、娱乐飞行等方式，开发城市俯瞰、景区巡游、海滨飞行等低空旅游产品，打造多维观景体验，推动文旅产业提质升级与差异化发展。

4．农林牧渔

实现航空喷洒、精准施药施肥与场景监测，构建智能化管理系统，提升农林牧渔业生产效率与生态效益。

5．测绘勘探

开展地形测绘、矿产勘探、地质灾害监测，获取高精度地理空间数据，为工程建设与资源开发提供科学决策依据。

6．交通出行

构建通勤航班、机场摆渡、水上飞机等立体交通网络，突破地面交通瓶颈，完善城市综合交通体系，促进区域经济协同发展。

7．环境保护

搭载专业设备，开展大气/水质监测与生态巡查，构建环境立体监测网络，为污染防治与生态保护提供精准数据支撑。

8．广告传媒

创新空中广告、灯光秀、低空广播等立体传播形式，打造高曝光度的移动宣传平台，拓展商业传播与城市形象展示的新维度。

9. 低空通信

通过空中基站建设应急通信网络与偏远地区信号覆盖，突破地形限制，构建立体通信体系，保障关键区域通信畅通。

10. 能源巡检

智能巡检电网、油气管道与风电设施，实现设备隐患精准识别与预防性维护，保障能源基础设施安全运行。

11. 警务安防

构建低空立体巡防体系，强化城市治安监控、边境管控与反恐侦察能力，提升公共安全治理现代化水平。

12. 科研实验

搭建低空科研平台，开展大气探测、航空技术验证，推动多学科交叉研究与前沿技术创新。

13. 教育培训

构建涵盖飞行训练、职业培训与科普教育的立体培养体系，为低空经济培育专业人才，夯实产业发展基础。

14. 体育竞技

发展航空模型、跳伞滑翔、无人机表演等低空运动项目，推动航空体育产业化，培育新型消费业态与城市活力增长点。

15. 影视拍摄

创新航拍技术在影视制作、广告创意与活动直播中的应用，打造沉浸式视听体验，助推文化创意产业升级。

16. 工业制造

深度参与工厂巡检与仓储管理，构建智能化工业运维体系，提升生产流程自动化与精细化管理水平。

1.6　本章小结

低空经济依托低空空域，以航空器飞行活动为核心，带动相关领域融合发展，其作用显著：一是促进经济发展，涵盖制造、设施、服务、应用"四张网"，为经济增长注入强劲动力；二是增强社会保障，广泛应用于应急救援、医疗运输等民生领域，提升社会安全与公共服务水平；三是服务国防事业，强化低空领域的国防力量。产业架构方面，低空经济协同发展，上下游风光无限，从原材料供应到终端消费，各环节紧密配合，为各行业发展带来机遇与变革。

延伸阅读资料

① 覃睿，李卫民，靳军号，等. 基于资源观的低空及低空经济. 期刊文章（中国民航大学学报），2011 年.

② 殷时军. 关于城市空中交通的思考. 报告，2024 年.

③ 唐旭霞，杨钐. 低空经济的先导产业，飞行汽车商业化渐近. 报告，2024 年.

④ 王大卫，童钰枫. 低空经济新质生产力急先锋蓄势高飞. 报告，2024 年.

⑤ 中国移动. 低空智联网技术体系. 报告，2024 年.

⑥ 粤港澳大湾区数字经济研究院. 低空经济发展白皮书（3.0）—安全体系. 报告，2024 年.

⑦ 中国信息通信研究院知识产权与创新发展中心，中国互联网协会. 低空经济政策与产业生态研究报告. 报告，2024 年.

⑧ 中国航空学会. 2024 低空经济场景白皮书. 报告，2024 年.

CHAPTER 2
第 2 章

为何会出现这波低空经济热?

2.1　引言

2024 年，低空经济首次被写进政府工作报告，迅速在全国掀起了低空经济热，至今仍方兴未艾。全国 100 多个城市出台了促进低空经济发展的实施意见，2024 年有望成为低空经济发展的元年。截至 2024 年年底，我国注册无人机达到 217.7 万架，同比增长近 100%；全年无人机飞行量达 2666.7 万小时，同比增长 15.4%。本章分析了这波低空经济热形成的背后原因。

2.2　国家低空空域管理改革步伐明显加快

2010 年 8 月，国务院、中央军委联合下发了《关于深化我国低空空域管理改革的意见》（国发〔2010〕25 号），正式拉开了我国低空空域管理改革的大幕。根据该意见，"低空"是指"垂直范围原则为真高 1000 米以下，可根据不同地区特点和实际需要，具体划设高度范围"的空域。截至目前，中央空中交通管理委员会（简称中央空管委）办公室相继在全国组织了 3 轮较大规模的低空空域管理改革试点。第一轮以军航为主，突出空域分类管理。第二轮以军民航为主，突出空域精细管理。第三轮以省级政府为主，突出空域协同管理。自 2017 年开始，中央空管委办公室先后批准 5 省开展低空空域协同管理改革试点，包括四川省、海南省、湖南省、江西省和安徽省。

2020 年，国务院、中央军委空中交通管制委员会（简称国家空管委）正式更名为"中央空中交通管理委员会"。在国家层面，进一步强化了党对空域管理工作的集中统一领导，赋予了中央空管委在空域管理改革方面更大的权力，为推动国家空域管理体制改革奠定了坚实的组织基础。

2024 年 1 月，国务院、中央军委公布的《无人驾驶航空器飞行管理暂行条例》正式实施。该条例由中央空管委牵头，20 个部、委、局参与，历时十年时间才完成，由此可见，无人机管理有多么复杂。该条例共 6 章 63 条，主要按照分类管理的思路，加强对无人机及系统设计、生产、维修、组装等的适航管理和质量管控，建立产品识别码和所有者实名登记制度，明确使用单位和操控人员的资质要求；严格飞行活动管理，划设无人机管制空域和适飞空域，建立飞行活动申请制度，明确飞行活动规范；强化监督管理和应急处置，健全一体化综合监管服务平台，落实应急处置责任，完善应急处置措施。

《无人驾驶航空器飞行管理暂行条例》公布后，一系列规章陆续发布或即将发布，包括中国民航局的 CCAR-92 部规章《民用无人驾驶航空器运行安全管理规则》、《国家空域基础分类方法》，以及工业和信息化部的《民用无人驾驶航空器生产管理若干规定》等。《国家空域基础分类方法》首次明确了通用航空和无人机的适飞空域。

目前，《中华人民共和国民用航空法》修订和《中华人民共和国空域管理条例》制定都已经列入立法计划。这两部法律将为低空经济安全健康发展提供法律依据。比如，《中华人民共和国民用航空法（修订草案）》明确提出，要保障低空经济发展对空域利用的合理需求，明确划分空域应该兼顾低空经济发展需要。《中华人民共和国空域管理条例（征求意见稿）》明确提出了"管用分离"的空域管理原则，实行分级分类管理空域，实施空域动态管理，这有望打破部门利益和军地界限，有利于全国空域实行统一规划、统一管理、科学调配。

2.3　国家促进低空经济发展的各项政策陆续出台

2016 年 5 月，国务院办公厅印发了《关于促进通用航空业发展的指导意见》，低空空域由 1000 米提高至 3000 米。《"十三五"国家战略性新兴产业发展规划》明确把通用航空列为战略性新兴产业，由此掀起了上一轮通用航空热。

2021 年 2 月，中共中央、国务院印发的《国家综合立体交通网规划纲要》提出，发展交通运输平台经济、枢纽经济、通道经济、低空经济。"低空经济"概念被正式写入国家规划，标志着低空经济成为我国重点谋划的新兴经济形态。

2023 年 12 月，中央经济工作会议指出，打造生物制造、商业航天、低空经济等若干战略性新兴产业。

2024 年 2 月，中央财经工作委员会会议强调，鼓励发展与平台经济、低空经济、无人驾驶等结合的物流新模式。

2024 年 3 月，政府工作报告中明确，积极培育新兴产业和未来产业。……积极打造生物制造、商业航天、低空经济等新增长引擎。这是"低空经济"首次被写入政府工作报告。

2024 年 7 月，党的二十届三中全会通过的《中共中央关于进一步全面深化改革、推进中国式现代化的决定》中，明确提出发展通用航空和低空经济。

2024 年 7 月 30 日，中央政治局集体学习，聚焦边海空防建设，习近平总书记指出，要做好国家空中交通管理工作，促进低空经济健康发展。

2024 年 12 月，国家发展改革委正式成立低空经济发展司，其主要职责包括拟定并组织实施低空经济发展战略和中长期发展规划，提出相关政策建议，并协调解决重大问题。具体来说，低空经济发展司负责统筹低空经济的发展，解决低空经济发展过程中面临的实际问题，如空域管理、安全监管、技术标准等，以保障低空经济健康、有序发展。

2025 年 3 月，低空经济再次被写入政府工作报告。报告明确，"开展新技术新产品新场景大规模应用示范行动，推动商业航天、低空经济、深海科技等新兴产业安全健康发展"。

2.4 世界主要国家和地区竞相发展先进空中出行

国外并没有"低空经济"的概念，外国新闻媒体介绍中国低空经济发展时，用"Low-altitude Economy"（LAE），即在英文单词上加引号。美国 Uber 公司于 2016 年提出"城市空中出行"（Urban Air Mobility，UAM）的概念。美国国家航空航天局（National Aeronautics and Space Administration，NASA）于 2018 年提出 AAM 的概念。AAM 涉及使用无人机、eVTOL、eSTOL（短程电动垂直起降航空器）和其他新技术来实现更高效、更环保的空中交通。

AAM 目前已成为美、英、日、欧盟等相关国家/地区竞相布局发展的新领域，其近年来都出台了不少支持发展的政策。以美国为例，2021 年，FAA 专门组织了《城市 UTM 运行概念 2.0》的国际宣介；2023 年，FAA 邀请行业伙伴进行了 UTM 的实地测试（UFT），广泛推广其技术概念；2023 年 7 月，FAA 发布了《AAM 实施方案 V1.0》，启动实施 Innovate28（简称 "I28"）计划，旨在在 2028 年前，通过政府和行业协同合作，在美国一个或多个关键站点实现 AAM 运营的全面整合，这是美国 FAA 为推动 AAM 发展而实施的一项关键战略行动。2024 年 9 月，ICAO 召开了首届世界 AAM 大会，呼吁利用 AAM 为未来航空铺平道路。

国内不少人把 AAM 翻译成 "先进空中交通"，我个人认为不妥，因为先进空中交通不仅指低空，也应该包括在中高空飞行的民航飞机。

2.5　我国在无人机技术和产业方面处于世界较领先的地位

无人机产业将成为低空经济的主导产业。我国无人机在产品品牌力和行业标准方面与西方发达国家形成齐头并进之势，有望成为继智能网联新能源汽车之后我国另一个 "弯道超车" 的领域。目前，我国消费级无人机全球市场占有率达到 70%，大中型工业级无人机全球市场占有率达到 55%，民用无人机出口量世界第一。以大疆创新为例，其消费级无人机市场占有率全球第一，可能是第一个引领世界消费潮流的中国科技产品。

新能源、新一代信息技术、AI 是低空经济发展的重要驱动力。德勤公司协同美国航空航天工业协会（AIA）对 50 多位美国航空航天和汽车行业的高级领导者进行了一系列采访与调查，研究使美国在 AAM 取得领导地位所需的关键步骤和条件。同时，为了研究 AAM 的市场潜力，分析开发

AAM 产品和服务所需的主要技术，德勤公司还进行了一次执行性调查，来自美国的 102 位资深行业管理人员和政府政策执行人员对此进行了回应。调查结果如图 2-1 所示。

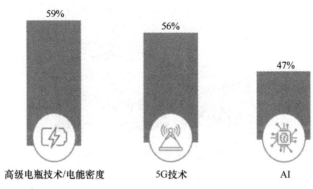

图 2-1　AAM 成功投入运营的关键技术调查结果

排前三位的分别是高级电瓶技术/电能密度、5G 技术和 AI，这恰恰也是智能驾驶汽车的关键技术。2024 年政府工作报告指出，巩固扩大智能网联新能源汽车等产业领先优势。2024 年，我国新能源汽车产量突破 1300 万辆。萝卜快跑已在全国多个城市实现 100%的全无人驾驶应用落地。我国新能源和 5G 技术均处于全球领先地位，AI 技术稳居世界前两名。2025 年伊始，DeepSeek 横空出世，大大缩小了我国与美国在人工智能领域的差距，并且我国在部分应用领域可能超越了美国。低空经济相当于把我国在地面智能驾驶汽车方面的技术优势直接搬到空中，在 AAM 这个赛道上，我们相当有信心。

2.6　为何新兴产业中低空经济最热

2024 年一年，著者应邀到全国许多地方作低空经济发展相关的报告。有一次报告过程中，著者突然问自己一个问题：2024 年政府工作报告中提到积极打造生物制造、商业航天、低空经济等新增长引擎，低空经济排到最后，为何又最热？著者突然想到了美国黑人民权运动领袖马丁·路德·金的著名演讲《我有一个梦想》（*I have a dream*）。人人都有一个梦想，开车出行遇到堵车时，汽车原地起飞，再飞向目的地（见图 2-2）。飞行汽车成了低空经济的"形象代言人"，但很多人不知道生物制造和商业航天是什么。

图 2-2　路上太堵，我想飞走

2.7　本章小结

本章分析了我国这波低空经济热的成因，包括低空空域管理改革加快、行业支持政策密集出台、世界各国竞相发展 AAM，以及我国具有技术和产业优势，从中不难看出，现在的确是我国发展低空经济的最好时机。

延伸阅读资料

①　国务院、中央军委. 无人驾驶航空器飞行管理暂行条例. 法规，2023 年.

②　Uber Elevate. Fast-Forwarding to a Future of On-Demand Urban Air Transportation. 报告，2016 年.

③　SKYbrary. Advanced Air Mobility (AAM)-Urban air mobility. 报告，2020 年.

④　FAA. Urban Air Mobility (UAM) Concept of Operations v2.0. 文件，2023 年.

⑤　FAA. Advanced Air Mobility (AAM) Implementation Plan, Version 1.0. 文件，2023 年.

第 3 章

建党百年低空经济的发展历程

3.1 引言

2021 年是中国共产党成立 100 周年，也是新中国通用航空发展 70 周年，中国航空运输协会通用航空分会对新中国通用航空发展历史进行了系统梳理，整理编辑了《中国通用航空年谱（1951—2021）》，著者是编辑委员会委员之一。本章 3.2～3.5 节直接引用了该书的前言，介绍新中国通用航空 70 年的发展历史；3.6 节对上一轮通用航空热进行了回顾和总结，希望这一波低空经济热能够吸取教训，安全有序高质量发展。

3.2 旧中国通用航空发展史

中国航空的历史可以追溯到 1912 年。中国航空界的先驱——冯如先生设计和制造了我国第一架以液冷式发动机为动力的双翼飞机，并于 1912 年 8 月 25 日在广州燕塘进行了第一次飞行，仅比美国莱特兄弟设计的世界第一架飞机"飞行者一号"晚了 9 年。1931 年 6 月 2 日，浙江省租用德国汉莎航空公司的米塞什米特 M18-D 型飞机，在钱塘江支流浦阳江进行航空摄影，成为旧中国通用航空历史上的第一次作业飞行。

3.3 计划经济管理体制时期（1951—1978 年）

1949 年 3 月，在党的七届二中全会召开之际，中共中央决定设立军委航空局，内设民航处。1949 年 9 月 29 日，中国人民政治协商会议第一届全体会议通过的《中国人民政治协商会议共同纲领》中提出"创办民用航空"。1949 年 11 月 2 日，中共中央做出决定："为管理民用航空，决定在人民革命军事委员会下设民用航空局，受空军司令部之指导。"我国民用航空事业掀开了新的历史篇章。1951 年 5 月 21 日，民航首次使用一架 C46

型飞机，连续两天在广州市区上空执行喷洒药物杀灭蚊蝇的作业飞行任务，共飞行 41 架次。这次飞行任务标志着新中国通用航空事业的开端。

1951—1978 年是新中国建设社会主义的探索期，通用航空的基本特点与当时国家实行的中央政府集中领导、国家资源统一计划调控的管理体制一致，实行的是由中央军委民用航空局负责，按国家计划分配任务的管理模式，通用航空虽然没有被列入国家专项计划，但是在国家特殊政策的支持下，集中了有限的人力、财力和技术力量，积极参与社会主义建设，在服务民生和经济发展中发挥了巨大作用，也为恢复和重建新中国通用航空产业奠定了坚实的基础。特别是 1952—1965 年，可以说是新中国通用航空迎来的第一个黄金期，其在航空摄影、航空探矿、航空遥感、航空播种、农林化飞行、航空造林护林等方面进行了大胆的技术革新和实践，创造了许多历史第一。通用航空作业飞行由 1952 年起步阶段的 959 小时，发展到 1965 年的 21572 小时，为 1952 年的 22.5 倍。其中工业航空作业 2768 小时，农林业航空作业 18804 小时。1965 年，全国民航 26 个飞行大（中）队中，有 16 个从事通用航空作业，呈现出运输航空、通用航空两翼齐飞，共同发展的局面。截至 1978 年，全国民航通用航空年作业量达到 28995 小时，平均年增长 13.5%；在全国民航 508 架各类飞机中，运输飞机有 144 架，通用航空作业飞机有 238 架，教学、校验用飞机有 126 架。

通用航空器制造业走的是引进和仿制相结合的道路。1954 年，南昌国营三二零厂（洪都机械厂）用了短短 3 年时间，就成功自行制造出初教 5 型飞机，揭开了新中国飞机制造史的第一页，随后又成功研制生产了运 5、运 8、运 11、运 12、直 5、直 8 等多款民用航空器。运 5 型飞机成为我国农用飞机的主力机型；直 5 型直升机在航空护林、航空物探和勘测等领域发挥了重要作用。

3.4 逐步建立市场经济管理时期（1979—2012 年）

1978 年 12 月 18 日，中国共产党召开具有重大历史意义的十一届三中全会，开启了改革开放历史新时期。1980 年 2 月，邓小平同志指出：民航一定要企业化。同年 3 月，国务院、中央军委下发文件，决定民航脱离军队建制，归国务院直接领导。这个时期，通用航空的基本特点是由计划经济下的政企不分、行政与经营不分，逐步向重视市场经济、加强经营管理方向转变和过渡。

体制改革调动了其他部门和地方兴办通用航空的积极性。1982 年，国务院批准成立中国海洋直升机专业公司；1983 年，新疆生产建设兵团农业航空服务队成立。到 1991 年，我国又先后成立了中国飞龙专业航空公司等 9 家独立经营的通用航空企业。截至 2012 年年底，全国共有 146 家通用航空企业。通用航空作业服务范围除传统项目外，开始增加了公务航空、海上石油服务、航空医疗救护等新业务。

针对性的法规政策相继出台，为通用航空发展营造宽松运营环境打下基础。1995 年 10 月 30 日，全国人大审议通过了《中华人民共和国民用航空法》，增设通用航空内容，在国家的基本法律中确立了通用航空的地位和范围。同年 12 月，中国民用航空总局（简称民航总局）在北京召开全国民航通用航空工作会议，发布《中共民航总局党委关于发展通用航空若干问题的决定》，针对通用航空发展形势，提出具体政策和措施。最具历史意义的是 2010 年 8 月，国务院、中央军委发布《关于深化我国低空空域管理改革的意见》（国发〔2010〕25 号），低空空域管理改革起步；10 月，国务院发布《国务院关于加快培育和发展战略性新兴产业的决定》（国发〔2010〕32 号），将通用航空确定为国家战略性新兴产业，明确了通用航空在国家产业发展格局中的地位。

但是，这段时期通用航空的发展并不如预期那样乐观。特别是进入 20 世纪 90 年代，随着运输航空的迅速发展，大量通用航空飞行人员改飞运输机，几年间共 1300 多名通用航空器飞行员转岗运输航空，通用航空发展明显滞后于运输航空。为此，1989 年至 1993 年间，中国民航局连续发文，要求局直属通用航空企业必须保持 100 架可出动的运 5 型农林飞机，确保农林业生产需要。1995 年 12 月，全国民航通用航空工作会议发布《关于发展通用航空若干问题的决定》，强调应保持和发展通用航空骨干队伍，保证国家指令性抢险救灾和重大通用航空任务的完成。

这一时期通用航空器的研制和生产从仿制逐步走向自行设计，逐渐摆脱单纯引进然后仿制的方式，多款拥有自主知识产权的国产民用飞机被研制生产出来。中国民航局积极支持国产飞机研制纳入民用飞机标准，于 1990 年为运 5B 型飞机颁发单机适航证。同年 6 月，由哈尔滨飞机制造厂生产的运 12 型飞机获得英国民航局颁发的 CAA 型号合格证，标志着运 12 型飞机适航标准达到国际水平。随后在近 30 年的运营中，运 12 型飞机系列相继取得国际上 14 个国家的认证，是中国目前唯一同时获得欧美等发达国家"通行证"的民用飞机。

3.5 确定国家战略地位发展加速期（2012—2021 年）

从 2012 年起，国家相继发布促进通用航空发展的一系列政策举措，内外部环境逐步得到改善，通用航空重要战略地位更加明确，通用航空进入快速发展时期。2016 年 5 月，国务院办公厅发布《关于促进通用航空业发展的指导意见》（国办发〔2016〕38 号），对加快通用航空发展做出战略性部署。中国民航局认真落实国务院办公厅发布的《关于促进通用航空业发展的指导意见》，成立通用航空工作领导小组，深化"放管服"改革，多措并举，协同共治，为通用航空发展营造宽松、有利的政策环境。

随着低空空域管理改革的稳步推进，通用航空不断释放产业内生动力，作业项目由传统业务向新兴业态拓展，涵盖工农业生产建设、公益或准公益服务和大众航空消费三大领域几十余项，传统作业稳中有进，新兴业态快速发展，民用无人机异军突起。通用航空企业积极投入和完成抗洪抢险、抗震救灾、抗击疫情、南北极科考及一系列重大活动空中飞行保障任务，在服务经济建设和国计民生各个领域的作用越来越显著，越来越受社会的广泛关注。

截至 2020 年，全国通用航空企业已达 523 家，通用航空飞机达 2844 架。"十三五"期间，通用航空累计飞行 457.6 万小时，年均增长 13.7%，高出运输航空 2.7 个百分点；实名登记的无人机达 52.36 万架，2020 年飞行量达到 159.4 万小时，年均增速达到 27.5%；通用航空企业开通短途运输航线 75 条，开通低空旅游航线百余条，航空飞行营地超过 400 个，空中游览和跳伞的游客分别达到 75.6 万人和 13.2 万人；10 家通用航空企业与 71 家试点医疗机构在 12 个省市开展航空医疗救护试点，36 个通用机场建成应急救援基地。

国产通用航空器研发制造取得积极进展，小鹰 500、海鸥 300、大型水陆两栖飞机 AG600、新一代初级教练机 AG100、轻型运动飞机 AG50 等连续实现首飞，运 12、钻石系列、阿若拉等一批国产通用航空器得到广泛使用。民用无人机作为通用航空新兴运营机队，其相关机型的快速研发和生产已经走在世界前列。

3.6　上一轮通用航空热的回顾与总结

2016 年，国务院办公厅印发了《关于促进通用航空业发展的指导意见》；《"十三五"国家战略性新兴产业发展规划》明确把通用航空列为战略性新兴产业，由此掀起了上一轮通用航空热。

2017—2023 年，中央空管委办公室先后批准 5 省开展低空空域协同管理改革试点，包括四川省、海南省、湖南省、江西省和安徽省。

自 2017 年开始，国家发展改革委先后批准设立了 26 个城市作为通用航空产业综合示范区试点。示范区的作用是充分释放通用航空市场潜力、加快通用航空制造业转型升级和促进通用航空产业持续健康发展，重点任务包括促进制造水平升级、大力发展配套产业、加强创新创业能力建设、加快通用机场规划建设、积极拓展运营服务、促进产业融合与协同发展、推动改革政策先行先试、鼓励开放合作发展等。这 26 个示范区包括：北京市、天津市、广东深圳市、广东珠海市、云南昆明市、辽宁沈阳市、辽宁大连市、贵州安顺市、吉林吉林市、黑龙江哈尔滨市、安徽芜湖市、江西南昌市、江西景德镇市、山东青岛市、河南安阳市、河南郑州市、湖北荆门市、湖南株洲市、四川成都市、重庆市、江苏南京市、浙江宁波市、浙江绍兴市、宁夏银川市、陕西西安市和河北石家庄市。

2016 年，国务院办公厅印发《关于促进通用航空业发展的指导意见》后，中国民航局将"两翼齐飞"纳入总体工作思路，成立通用航空工作领导小组，主要领导同志任组长，每年召开会议专门部署工作，著者代表中国航空运输协会通用航空分会出席此会。2018 年，中国民航局又成立无人机工作领导小组。2018 年，中国民航局甚至在办公大楼一楼醒目位置挂出通用航空监管专项督查问题清单鱼刺图（见图 3-1），倒排工期，推动相关问题整改和解决。

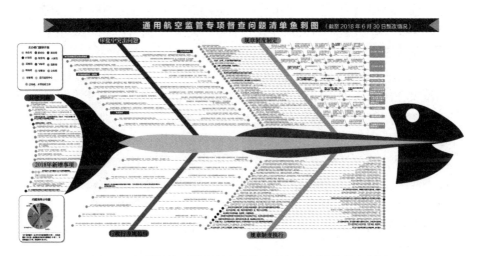

图 3-1　中国民航局通用航空监管专项督查问题清单鱼刺图

自 2017 年开始，中国民航局在华东、西北、东北、新疆、西南地区开展通用航空（无人机）专项试点工作（7 项），包括：在华东地区开展通用航空管理服务平台和无人机研发试飞基地建设试点、在西北地区开展通用航空低空空域监视与服务试点、在新疆地区开展"通用航空+旅游"试点、在东北地区开展通用航空管理改革试点、在江西省赣州市南康区开展无人机物流配送试点（顺丰公司）、在陕西省使用无人机开展物流配送经营活动试点（京东集团）。

自 2020 年开始，中国民航局先后批准设立了 17 个民航无人驾驶航空试验区和 3 个试验基地（17+3），包括：上海市金山区、浙江省杭州市、四川省自贡市、广西壮族自治区贺州市、河南省安阳市、江苏省南京市、天津市滨海新区、北京市延庆区、陕西省榆林市、辽宁省沈阳市、山东省东营市、安徽省安庆市、江西省赣州市、广东省深圳市、河北省石家庄市、山西省太原市、重庆市两江新区、四川省成都市（试验基地）、山东省青岛市（试验基地）和宁夏回族自治区吴忠市（试验基地）。

自 2016 年通用航空被纳入国家战略性新兴产业以来，中央空管委、国家发展改革委和中国民航局都积极推动落实，纷纷开展各种试点工作，可谓使出了"洪荒之力"。但是国家"十三五"期间关于通用航空产业发展的目标没有如期实现：计划 2020 年年底通用航空产值达 10000 亿元，2023 年年底仅 5000 亿元；计划 2020 年年底通用航空机场数达 500 个，2023 年年底才 449 个，并且不对公众开放的 B 类机场占 2/3；计划 2020 年年底通用航空器达 5000 架，2023 年年底才 3123 架。

　　"十三五"通用航空发展目标没有如期实现，原因是多方面的：第一，没有在国家层面设立议事协调机构来统筹推进通用航空产业发展；第二，传统通用航空器设计和制造主要依靠国外技术，很多地方盲目引进国外通用航空生产线，忘了发展通用航空产业为了谁；第三，可使用低空空域少，连通性差，计划审批程序虽然不断优化，还是比较复杂，通用航空器飞不起来；第四，低空飞行服务和保障设施建设相对滞后；第五，不少地方借通用航空热炒概念，搞圈地运动，建了不少通用航空或航空产业园，很多处于闲置状态，或者入园项目名不副实。更多深层次的原因将在第 4 章详细介绍。

3.7　本章小结

　　本章回顾了新中国通用航空 70 年的发展历史，它相当于低空经济发展的过去。因为低空经济首次正式出现在国家规划文件中是在 2021 年发布的《国家综合立体交通网规划纲要》中。本章最后对上一轮通用航空热进行了回顾和总结。只有了解历史，才能够避免重蹈覆辙，实现低空经济安全有序、高质量发展。

延伸阅读资料

① 中国航空运输协会. 中国通用航空年谱（1951—2021）. 图书（中国民航出版社），2021 年.

CHAPTER 4
第 4 章

为低空经济发展"鼓与呼"

4.1 引言

著者从 2008 年起一直担任全国政协委员和全国人大代表。本章摘录了著者在 2008 年至 2023 年间，围绕通用航空、无人机和航空运动发展所提的代表性提案、建议，以及政协会议发言、重要媒体采访报道。本章基本按照发表时间先后顺序排列，以方便读者了解低空经济早期发展的历史脉络。部分媒体采访报道内容比较多，本章只摘录了与低空经济发展相关的内容，并按照采访内容要点重新编排了题目。

4.2 关于在西部边远地区实施普遍航空服务的提案

我国西部边远地区地处边陲，地域辽阔，高山与沙漠众多，适合发展航空运输。但其目前大多没有形成四通八达的空中与地面的综合交通网络，群众出行困难、交通不便仍然是当地经济社会快速及可持续发展的瓶颈。在西部边远地区实施普遍航空服务势在必行。

我们提出，实施普遍航空服务以建立短途航空运输体系为基础，即以中小型支线机场为小枢纽，在半径为 200 千米左右的范围内，在人口较集中的社区修建简易机场或者通用航空点，用轻型飞机开展短途航空运输。这样以当地大型门户机场为枢纽，辐射到当地中小型支线机场，以每个中小型支线机场为枢纽又向下辐射到周边众多的通用航空点，形成覆盖当地完整的航空运输网络。以大多数群众能够接受的航空运价，达到实现普遍航空服务的目标。同时，这一航空运输网络的形成，为当地的抢险救灾、农林作业等通用航空和边防运输奠定了完备的基础。

可以通过先在新疆或西藏、内蒙古等地区试点的方式实施。国外在扶持边远地区航空运输、实施普遍航空服务方面已有成熟的经验可以借鉴。

我们认为，在西部边远地区实现普遍航空服务对于国家的发展和稳定、对于区域经济社会发展都有重大政治、经济和国防意义。首先，其是深入贯彻党的十七大精神，改善民生、建设和谐社会的具体体现。航空服务更大程度惠及百姓，有利于推进西部大开发，缩小区域发展差距，改善边远贫困地区的百姓出行条件。其次，其可通过提供经济、便捷、安全、通达的航空运输服务，促进西部边远地区改善投资环境，促进优势资源的开发和旅游业的迅速发展，实现区域经济快速协调发展。最后，其是维护国家安全、巩固边防、发挥边远地区在国家稳定大局中作用的重要保障。短途运输通过快速补给军用物资、兵力投送、抢险救灾及应急救援等关键职能，在西部边远地区构建起高效保障网络，对于巩固边防安全、维护社会稳定、促进民族团结发挥着极为重要的作用。

为此，建议：一是充分认识在西部边远地区实施普遍航空服务的战略意义，使之成为国家层面的建设规划；二是国家发展改革委会同民航总局、国资委等相关部委研究扶持边远地区航空服务、鼓励发展轻型飞机制造厂家、鼓励成立短途航空公司、积极促进通用航空事业等方面的政策措施。

（2008 年全国政协提案内容，这也是著者的首个全国政协提案）

4.3 空域开放速度和力度是通用航空发展的关键

作为我国七大战略性新兴产业之一，通用航空的发展近年来引起了业内外的高度关注。国家明确提出"重点发展以干支线飞机和通用飞机为主的航空装备，做大做强航空产业"，甚至连政府工作报告也强调，要大力发展高端装备制造、节能环保、生物医药、新能源汽车、新材料等产业。我国的通用航空产业已然处在了蓄势待发的阶段。

全国政协委员、中国民航大学电子信息工程学院院长吴仁彪在两会小组讨论间隙接受采访时，向记者阐述了他所理解的通用航空的重要性：通用航空是高技术含量、高附加价值和高产品价格的"三高"产业，对我国的产业结构升级和增长方式转变具有重要的带动作用，加快培育和发展这一战略性新兴产业，对推进我国现代化建设具有重大的战略意义。

吴仁彪认为，在目前的形势下，政策是通用航空发展的核心，而空域开放的速度和力度则是发展的关键。他表示，我国通用航空的运行、规范、制度、规章、标准都略显落后，还处在探索期，特别是目前的低空空域管理体制问题较多，飞行申请的审批报备程序多、手续烦琐，与通用航空发展的需求相比还存在较大距离。

吴仁彪建议，应从国家层面推动通用航空发展，建立低空空域统一管理体制，加强军民协调，扩大空域使用范围，提高空域利用率，切实发挥通用航空对我国经济、社会发展的推动作用。

（原载于中国经济网，2012 年 3 月 14 日，记者为吴丹）

4.4 通用航空需要复合型人才

这些年通用航空的发展势头很好。据了解，现在已经有几百个通用航空机场在规划建设，又有 178 家通用航空公司在筹建中，这就会带来大量的人才需求。

事实上，通用航空对人才的专业能力要求并不一定有那么高，而是更多地强调一岗多能。这就要求我们要培养能够降低运行成本的复合型人才，以此来降低人力资源成本。企业可以派员工到民航院校里通过"加一年"的方式学习知识，并培养这种人才。

（原载于《中国民航报》，2014 年 3 月 14 日，记者为程婕）

4.5 放开一片天空 打开一个产业

1. 我国通用航空产业发展严重滞后

我国民航业在经济新常态下仍然是国家经济发展最快的行业之一。去年我国 GDP 增长率是 7.4%，全国交通业增长 3%，铁路业增长 5.7%，民航业增长 10.6%。可以看出，民航业增长最快，潜力巨大。2015 年 3 月 4

日，习近平总书记对于民航工作做了重要批示，指出航空运输是国家重要战略产业。

通用航空，是指除军事、警务、海关缉私飞行和公共航空运输飞行以外的航空活动，包括私人飞行，从事工业、农业、林业、渔业和建筑业的作业飞行，以及医疗卫生、抢险救灾、气象探测、海洋监测、科学实验、教育训练、文化体育、低空航空旅游观光等方面的飞行活动。什么是 "通用"？简单来讲，"通用" 就是大家都用。通用航空飞机一般是小飞机（包括无人机），通用航空机场一般比较小，通用航空飞机的飞行高度通常在距离地面 3000 米以下的低空空域（运输航空通常在 3000 米以上）。

通用航空产业链可以分为核心产业和关联产业。核心产业包括通用航空器制造、通用航空运营和运行所需的各类保障资源。关联产业则包含基础产业和应用产业，其中基础产业为通用航空器制造提供资源保障和技术基础，为通用航空的上游产业；应用产业主要是把通用航空作为生产工具或消费物品服务于国民经济的第三产业，是通用航空的下游产业。从上可以看出，通用航空产业链上下游风光无限。

通用航空与运输航空是民航事业发展的两翼。我国运输航空的总周转量在 2005 年就位居世界第二（仅次于美国），但我国通用航空发展严重滞后。截至 2014 年年底，美国的通用航空飞机数为 265989 架（是运输飞机数的 32 倍），通用航空飞行时数为 2500 万小时（是运输航空的 1.25 倍），航空业对于 GDP 的贡献率为 5.4%。我国通用航空飞机数为 1798 架（仅为运输飞机数的 70%），通用航空飞行时数为 67.5 万小时（仅占运输航空的 10%），而通用航空收入只占民航运输收入的 1%。我国即使与同为发展中国家的巴西和南非相比，也差距很大，我国通用航空飞机数只为巴西的 6%，南非的 16%。可以看出，我国民航的两翼发展严重失衡，通用航空是目前我国唯一规模不到美国同行业 1% 的行业，也是最后一个没有开放和开发的产业。天空需要雄鹰，但是我们希望看到更多的小鸟！

为了让低空为地面交通分流，为经济转型发展分忧，通用航空已经被列入战略性新兴产业，"低空经济" 被认为是发展潜力巨大的新的经济增长点。2010 年，国务院、中央军委印发了《关于深化我国低空空域管理改革的意见》，掀起了一股通用航空热，至今仍方兴未艾。各地纷纷举办各种通用航空展会、飞行表演活动、低空经济和通用航空论坛。但所谓的"通用航空热"，其实更热的是话题，通用航空发展速度仍远远低于社会预期，通用航空企业盈利能力依然有限，2014 年通用航空企业亏损面达到了 56%。

2. 制约我国通用航空业发展的主要问题

作为国家层面首个通用航空领域重点课题"通用航空综合运行支持系统"的负责人，我到全国很多地方进行了深入调研，发现我国通用航空发展存在以下主要问题，概括为"空（空域管理体制改革）、场（通用航空机场）、人（人才队伍）、保（保障体系）、配（配套政策法规）"五个字。

一是空域管理体制改革严重滞后。目前，我国未被有效利用的空域面积占 55.8%，空域资源使用效率偏低，特别是通用航空使用较多的低空空域开放有限。"没有空域，想飞没路"。由于军民航对空域管理改革的思想认识分歧较大，对国家统一管制的具体目标、组织模式、实现途径和改革路线图等，没有形成共识定论，推进改革缺乏清晰的目标指引和有效的工作合力。

二是通用航空机场的建设严重滞后。"没有机场，要飞想都别想"。目前，我国通用航空机场及起降点仅 310 个，其中持证的通用机场仅 67 个。

三是通用航空核心人才培养不足。"没有人才，想飞都难"。由于民航事业快速发展，运输航空特种专业（飞行、空管、机务、机场）人才供不应求，民航院校的学生不太愿意到通用航空企业工作。为了降低通用航空企业运行成本，企业也希望培养复合型人才，强调一人多岗。这对人才培养提出了新的要求。

四是飞行服务综合保障体系不健全。固定运营基地（FBO）和飞行服务站（FSS）刚刚起步，通用航空油料保障设施滞后，目视航图、气象、情报等飞行服务保障体系尚未建立。

五是配套的政策、法规、标准体系缺失。目前在国家层面尚未制定通用航空发展的专项扶持政策。现在民航行业监管的很多法规、标准都是针对运输航空的，直接照搬到通用航空往往要求过高，对通用航空发展不利。"没有法规，飞也乱飞"。

3. 发展我国通用航空业的几点建议

贯彻落实好党的十八届三中、四中、五中全会精神，将通用航空业作为新的经济增长点和国家战略性、基础性产业进行全局性部署，深化通用航空领域改革，加强顶层设计与协调，大幅度减少各种影响通用航空运营的审批和限制，全面改造和提升通用航空服务保障体系，在保障安全的基础上实现通用航空飞行的便利化，通过市场的作用提升通用航空制造能力，促进通用航空健康发展。

（1）加强我国通用航空的组织领导。通用航空作为战略性新兴产业，亟需制定行业发展战略，统筹政策、法规、标准工作。建议在国家层面成立专门的通用航空议事协调机构，如"通用航空发展促进委员会"，由国务院分管副总理任主任，有关部委和军队相关部门作为成员单位。该机构的职能主要是统筹规划、协调促进通用航空产业的发展与改革。在国务院行业主管部门尽快成立通用航空司，加强通用航空行业管理，并承担该机构的日常工作。

（2）推进航空法的制定和民用航空法的修订工作，推进空域管理体制改革，提高通用航空所需空域资源的配置效率。建议全国人大适时将航空法列入常委会立法计划，推进航空法的制定和民用航空法的修订工作，在法律层面确定有利于我国航空业长期、稳定、健康发展的空域管理体制改革方案；有关方面也应及时制定、修订配套的法规、标准，根据通用航空发展需求分类划设或调整低空空域，积极释放更多的低空空域资源，逐步实现除空中禁区等特殊空域外向通用航空全面开放。呈井喷式发展的无人机产业也迫切需要加大低空空域管理体制改革的力度和速度。

（3）简政放权，改革审批制度，降低门槛，提高效率。建议在新建通用机场审批权限下放地方的基础上，相应降低民航及军队的审批层级，简化审批程序。进一步减少和简化飞行计划、低空航线的申报审批程序，明确审批时限，应根据通用航空需求确定飞行提前申报时间和飞行计划调整时间。推进实施通用航空飞行的负面清单制度，非禁即准，不否决即可执行；降低准入门槛，支持单位和个人购置航空器、开展通用航空活动。

（4）加强通用航空服务保障体系建设。以制定"十三五"规划为契机，由国务院民用航空管理部门牵头，研究制定我国通用航空服务保障体系建设规划，国务院有关部门和国家空管委从国家层面予以保障。通用航空飞行服务保障体系中属公共基础设施的，应以国家投资建设为主，鼓励地方政府和企业参与建设，民航管理部门协调落实。注重解决航空汽油供不应求、产能和储运能力不足等问题。加大对通用航空运行服务保障体系的科研投入。以先进的技术手段保障和提高低空空域通信、导航、监视、气象保障能力及航行服务能力，降低保障成本。加快通用航空人才培养，壮大通用航空人才队伍。开展航空文化普及，扩大通用航空爱好者和消费者群体，支持航空俱乐部和航空爱好者协会等团体发展。"十三五"期间争取在全国 2800 个县实现通用航空机场"县县通"的目标。

（5）提升国内通用航空制造能力。建议国务院有关部门抓紧制定出台指导通用航空制造业发展的产业政策和配套政策，提升通用航空飞机和配套设备研发、制造能力。在将 6 吨／9 座以下通用飞机和 3 吨以下直升机制造项目的审批核准权下放给地方的基础上，加大通用航空领域的自主创新和引进消化吸收再创新，集中开展航空制造关键技术攻关。制定合理的财政补贴和税收优惠政策，鼓励使用国产通用飞机。促进通用航空的社会服务，调整适用机型的进口税率，允许企业利用合适机型提供通勤航空和其他航空服务。制定有利于通用航空发展的信贷政策、保险政策和融资租赁政策。发展大飞机，我们之前落后了，现在正迎头赶上；发展通用航空飞机，我们起点就要高，要像发展高铁一样重视技术引进和消化吸收再创新，用市场换技术。

最后，我用一首打油诗结束我的发言：

空场人保配，通用航空司促成。

军民协调好，通用航空万里行。

（2016 年全国政协会议发言稿，感谢《中国民航报》"通用航空万里行"活动组各位记者的帮助，尤其是时任中国民航报社有限公司总编辑董义昌先生）

4.6　国家层面出台关于促进通用航空发展的意见

吴仁彪：通用航空和运输航空，是民航的两翼，虽然我国的运输航空总周转量在 2005 年就是世界第二了，但是通用航空发展严重滞后。我们现在的通用航空飞机架数到 1 月底才 1905 架，大概只到美国的 0.7%、巴西的6%、南非的 16%。也就是说，巴西和南非这样的发展中国家都比我们多得多。我们的通用航空机场数，包括临时起降点，才 400 多个，大概只有美国的 2%，而且通用航空收入只占我们整个民航运输收入的 1%。所以我们的通用航空发展严重滞后于运输航空发展。

我希望在"十三五"期间，国家能够加快通用航空的发展。很高兴看到，在"十三五"规划纲要中提到了"十三五"期间要加强铁路、民航、通用航空等基础设施建设。这是通用航空第一次出现在我国的五年发展规划纲要中，而且是把通用航空和民航相提并论。另外，我希望，国家层面出台关于促进通用航空发展的意见，如同之前国家出台促进民航发展的意见一样。去年两会期间，习近平主席专门为民航作了批示，指出民航是国家的战略性产业。所以我想，对通用航空，怎么重视都不过分。只要国家重视，加强政策协调，我相信在"十三五"期间，通用航空能够有比较快的发展。

（根据新华社客户端 2016 年 3 月 8 日发布的专访视频整理，原标题为有信心：通用航空与运输航空"比翼齐飞"，记者为屈萌，本节仅摘录了与通用航空发展相关的内容。很高兴，2016 年 5 月，国务院办公厅印发了《关于促进通用航空业发展的指导意见》）

4.7　活跃低空经济　发展通用航空

出席全国政协十二届四次会议的吴仁彪委员建议，进一步活跃"低空经济"，加速发展通用航空，将通用航空业作为新的经济增长点，纳入国家战略统筹部署。

吴仁彪说，通用航空，是指使用民用航空器从事公共航空运输以外的民用航空活动，包括工业、农业、林业、渔业和建筑业的作业飞行，以及医疗卫生、抢险救灾、气象探测、科学实验、文化体育等方面的飞行活动，被视为"低空经济"，具有广阔的市场前景。而我国通用航空事业发展却相对滞后。截至 2016 年 1 月底，我国通用航空飞机数量只有美国的 0.7%、巴西的 6%、南非的 16%。

吴仁彪建议，一方面，在国家层面成立通用航空议事协调机构，统筹协调通用航空发展相关事宜；另一方面，加快航空法立法进程，加快推进空域管理体制改革。在此基础上，制定通用航空服务保障体系建设专项规划，力争"十三五"期间实现全国 2800 个县通用航空"县县通"。

（原载于中国民用航空网，2016 年 3 月 14 日，
这是著者首次在媒体采访中公开提及"低空经济"）

4.8　3000 米以下低空应对通用航空开放

"天空需要雄鹰，但我们希望看到更多的小鸟！"全国政协委员、中国民航大学副校长吴仁彪说。"通用航空"的放开近几年呼声很高，合肥也有开放骆岗机场作为通用机场的打算。通用航空发展前景很好，"可是"，吴仁彪表示，"中国通用航空机场数只有美国的 2%，通用航空收入只占我国民航运输收入的 1%。"他建议，国家大力支持通用航空发展，加快航空法立法进程，完善相关配套政策。

【现状】通用航空飞机数仅 1905 架

如果说民用航空事业也有翅膀的话，那么通用航空和运输航空就是两翼。吴仁彪提供了一组数据，2005 年，中国运输航空总周转量已位居世界第二（仅次于美国），但通用航空发展严重滞后。截至 2016 年 1 月底，中国通用航空飞机数为 1905 架，只有美国的 0.7%，巴西的 6%，南非的 16%。与此同时，我国通用航空收入只占我国民航运输收入的 1%。虽然"通用航空"已经成为热词，但中国通用航空发展速度远低于预期，盈利

能力有限。2014 年，通用航空企业亏损面达 56%。

"我和民航报社记者一共 49 人曾经分头对我国 17 个省、自治区、直辖市进行调研，我国的通用航空问题主要表现在 5 个方面。"吴仁彪总结，这 5 个方面分别是空域管理体制改革、通用航空机场、人才队伍、保障体系、配套政策法规。

事实上，中国的通用航空发展还相当于一片未开发的 "处女地"。首先是 "想飞都没有路"。因为空域管理体制改革严重滞后，低空空域开放进展缓慢，造成空域资源利用率很低，这也是通用航空难以发展的根本原因之一。通用航空的机场建设严重滞后，想飞也没办法。吴仁彪说，中国通用航空机场及起降点仅 310 个，其中持证通用机场仅 67 个，只有美国的 2%。通用航空还面临 "没有人" 的境地。中国民航事业目前快速发展，专业人才供不应求，毕业生一毕业就被抢走了，难以流向通用航空企业。

【建议】3000 米以下空域应全面开放

"低空经济是具有极大发展潜力的！"吴仁彪说，根据分析，当一个国家或地区人均 GDP 超过 4000 美元时，通用航空将进入快速增长期。随着我国人均 GDP 已经迈上 8000 美元门槛，通用航空快速发展的基本经济条件已经具备，社会对通用航空的需求增长迅速。他说，可将通用航空业作为新的经济增长点，纳入国家战略统筹部署，完善顶层设计，在国家层面成立通用航空议事协调机构，在民航主管部门内增设通用航空司。另外，加快航空法立法进程，通过立法把各类航空活动纳入统一管理，加快推进空域管理体制改革，让通用航空飞行有章可循。目前，通用航空的开放空域是真高 1000 米以下，吴仁彪建议，增加报告空域范围，除空中禁区等特殊空域外，逐步实现真高 3000 米以下低空空域全面开放。

吴仁彪还提了一个较 "大胆" 的建议，即制定通用航空服务保障体系建设专项规划，争取在 "十三五" 期间实现全国 2800 个县通用航空 "县县通"。

（原载于中国民用航空网，2016 年 3 月 14 日，记者为王蕾。很高兴，2016 年 5 月，国务院办公厅印发了《关于促进通用航空业发展的指导意见》，明确提出扩大低空空域开放，实现真高 3000 米以下监视空域和报告空域无缝衔接）

4.9 将通用航空业作为新的经济增长点

今年 1 月，作为全国政协聘请的 37 名信息特邀委员之一，中国民航大学副校长吴仁彪提出了加快通用航空发展的建议，通过全国政协以专报的形式报送中央领导，得到了国务院副总理马凯的批示，要求有关部门研究推进。

作为交通运输部专家委员会的成员，吴仁彪今年对通用航空的发展十分关注，并提交了《放开一片天空 打开一个产业》的大会发言稿。

虽然 2005 年我国运输航空的总周转量就已居世界第二，但通用航空发展严重滞后。截至 2016 年 1 月底，我国通用航空飞机数量只有美国的0.7%、巴西的 6%、南非的 16%。"天空需要雄鹰，但我们希望看到更多的小鸟！"吴仁彪说，根据他与同行记者对我国 17 个省（区、市）进行的调研，目前制约我国通用航空发展的突出问题主要表现为空域管理体制改革严重滞后，通用航空机场建设严重滞后，通用航空核心人才培养不足，飞行服务综合保障体系不健全，配套的政策、法规、标准体系缺失等。

欧美发达国家的发展历程表明，"低空经济"发展潜力巨大。吴仁彪表示，随着我国人均 GDP 已经迈上 8000 美元门槛，通用航空快速发展的基本经济条件已经具备。"十三五"规划纲要草案中也明确指出要加快完善铁路、公路、水运、民航、通用航空、管道等基础设施网络。

"这是通用航空发展首次被列入国家五年发展规划纲要，并将其升级到与民航并列的地位。"吴仁彪建议，将通用航空业作为新的经济增长点，纳入国家战略统筹部署。首先，国家层面成立通用航空议事协调机构，统筹协调通用航空发展相关事宜，并负责制定行业发展战略及相关政策、标准。在民航主管部门内增设通用航空司，加强行业管理，同时承担协调机构的日常工作。其次，加快航空法立法进程，加快推进空域管理体制改革，并完善通用航空机场建设审批权下放地方的配套政策，简化审批程序。最后，制定通用航空服务保障体系建设专项规划，争取"十三五"期间实现全国 2800 个县通用航空"县县通"，为广大贫困地区提供最基本的航空服务，助其早日脱贫。

"提升通用航空自主研发与制造能力也十分重要。"吴仁彪说，希望尽快出台支持通用航空制造业发展的产业政策和配套政策，要像发展高铁一样重视技术引进和消化吸收再创新，并制定支持通用航空发展的财政补贴、税收优惠，以及信贷、保险、融资租赁等政策。

（原载于中国交通新闻网，2016 年 3 月 11 日，记者为张江舣）

4.10　推进通用航空发展　实现民航"两翼齐飞"

通用航空与运输航空共同构成了民用航空运输体系的"两翼"，是国家综合运输体系的重要组成部分。长期以来，与运输航空的快速发展相比，我国通用航空发展遇到了很多困难，成了行业发展的短板，造成了民航业发展不平衡的局面。

2016 年，国务院办公厅出台《关于促进通用航空业发展的指导意见》，将通用航空业定位为我国的战略性新兴产业体系，明确提出到 2020 年我国通用航空的发展目标：建成 500 个以上通用机场，通用航空器达到 5000 架，通用航空经济规模超过 1 万亿元，再次释放我国大力发展通用航空的信号。可以预期，随着一系列促进通用航空发展政策的出台，通用航空将迎来一个快速发展期。通用航空业的发展也将成为拉动我国经济增长的又一内生动力。

今年两会期间，民航业内外的多位全国人大代表、全国政协委员在接受采访时，向记者表达了他们对大力推进通用航空发展的看法和建议。

为什么要补齐通用航空短板？

截至 2015 年年底，我国通用航空飞行时数和机队规模仅为美国的 1/30

和 1/100，差距巨大。根据中国民航局党组提出的"一二三三四"民航工作总体思路，我国民航业发展将实现运输航空与通用航空"两翼齐飞"。一系列政策的相继出台，表明了我国发展通用航空的决心。为什么我国民航必须补齐通用航空发展这块短板？

全国政协委员、中国航空运输协会理事长李军：

我国通用航空应该适应国民经济发展的需要，为我国经济发展转型提供应有的支撑。通用航空的公益性很强，在应急救援、抢险救灾等事件中能够发挥重要作用。地震、洪水和森林火灾后的抢险救援作业，往往具有突发性强、任务重、作业难度大的特点。"养兵千日，用兵一时"，在危险和突发事件处理上，通用航空能够发挥其他交通运输方式无法替代的作用。大力发展通用航空已成为社会发展的必然要求，只有大力发展通用航空，才能彻底摆脱以往重大灾害应急救援时，我们要向国外借用大型救援飞机的局面。此外，发展通用航空业，有利于完善综合交通体系，培育新增长点，带动就业和升级服务业。

全国人大代表、吉祥航空有限公司董事长王均金：

通用航空在社会服务领域的发展顺应了供给侧结构性改革的大趋势，如低空游览、医疗救援、农林植保和城市功能保障等。目前，社会各界对发展通用航空服务社会的重要意义已形成共识，各地发展通用航空的积极性也很高。在此背景下，各地政府如果能够针对自身发展情况，有针对性选择适合的通用航空业务进行"深耕"，势必能够促进通用航空在地方经济转型发展和供给侧结构性改革中发挥更加重要的作用。

全国政协委员、中国民航大学副校长吴仁彪：

通用航空具有机动灵活、快速高效的特点，产业链条长，服务经济社会发展的潜力巨大。随着我国人均 GDP 迈上 8000 美元门槛，通用航空快速发展的基本经济条件已经具备，但目前发展严重滞后。截至 2016 年 1 月底，我国通用航空飞机数为 1905 架，只有美国的 0.7%、巴西的 6%、南非的 16%。

我国通用航空机场数量只有美国的 2%。可以说，通用航空在我国没有得到充分开放发展。作为民航业的"两翼"之一，通用航空发展不好，民航强国建设就将受到影响，所以发展通用航空很有必要，也很迫切。

补齐通用航空短板迫切需要解决哪些问题?

近年来,随着通用航空需求的增加,我国通用航空市场规模有所增长。截至 2015 年年底,通用航空企业为 281 家,年飞行时数为 73.2 万小时。但通用航空的发展面临顶层设计亟待完善、空域资源使用受限、法规体系有待健全、基础设施建设滞后、专业技术人员匮乏、飞机引进与运行困难等问题。那么,应采取哪些有效措施打破通用航空发展的瓶颈?

全国人大代表、中国东方航空集团公司总经理马须伦:

现行的空域管理模式导致了飞行管制部门在管理通用航空器、无人机等时缺乏制度依据,挑战很大。随着通用航空的升温,大量的通用航空器将进入中国,相关管理部门应当对其飞行活动予以严格规范,但是目前相关的法律法规不系统,不利于确保飞行安全,应该着手研究解决法律法规方面的问题。此外,在对无人机的飞行管制方面,近期,全国多地频繁发生无资质、未申请空域的遥控无人机"黑飞"事件,这些无人机甚至飞入机场空域内,值得关注。

全国政协委员、中国民航大学副校长吴仁彪:

人才问题是困扰着中国民航,特别是通用航空的一个问题。这里所说的人才除了飞行人员,还包括了机务人员、机场运行指挥人员。众所周知,航空专业人才不同于其他行业,他们必须具有丰富的经验和较高的专业技能。这就决定了培养一名合格的航空人才需要一个较长的周期,所以,通用航空人才的培养已经刻不容缓。此外,随着通用航空政策的落地实施,通用航空机场和航空服务站建设速度将加快。由于通用航空机场和航空服务站通常规模小、人员少、运行成本低,这就需要更多的"一岗多能"的复合型人才。民航院校应考虑采取在原有专业基础上"加一"的模式进行人才培养,为通用航空发展提供人力资源支持。

全国政协委员苏玲:

低空空域开放是发展通用航空绕不开的话题。低空空域开放是一个循序渐进的过程,要从小区域向大区域扩展,不能一蹴而就。目前,国家也在推进低空空域管理改革,并推进简化通用航空飞行任务审批备案。相信随着《关于促进通用航空业发展的指导意见》的出台,通用航空飞行将更加顺畅。此外,由于通用航空与运输航空的飞行环境、飞行高度层有本质区别，应该为通用航空所需的目视航图、飞行情报、气象情报等制定相关的标准，明确服务提供主体，确保飞行安全。

如何更好推进通用航空发展？

《关于促进通用航空业发展的指导意见》从降低准入门槛、减少简化审批、完善基础设施、开放低空空域、提升制造能力等方面提出了要求，将对降低通用航空企业经营成本，培育新兴通用航空市场，更好地满足社会需求起到重要的作用。同时，中国民航局也将按照"坚持安全第一，放管结合，让通用航空器飞起来！让通用航空飞行爱好者热起来！"的工作思路推进通用航空发展。那么对于通用航空发展，还有哪些方面的建议值得关注？

全国政协委员、中国航空运输协会理事长李军：

目前，中国民航局运输司只设有一个通用航空处，编制 3 人，显然不能满足未来通用航空发展的需求，建议适当调整机构设置，增加编制。与此同时，通用航空与运输航空有很大区别，迫切需要尽快建立全国性的行业协会，协助有关部门密切与业界联系沟通，在发展战略与发展路径等重大问题上形成共识。同时，有必要对贯彻实施"低空空域管理改革实施意见"的情况进行一次全面检查。

全国人大代表、厦门航空有限公司董事长车尚轮：

目前，各地发展通用航空的热情都很高，都在规划建设通用航空机场，组建通用航空公司。但需要注意的是，建设切勿盲目。发展通用航空要考虑综合交通运输布局，与铁路、公路、海运形成互补。比如，在高铁网络能够覆盖的一些地区，审批建设通用航空机场就应慎重考虑，需要深入论证。

全国人大代表、重庆两江新区管委会常务副主席汤宗伟：

国家层面应加强通用航空产业发展的顶层设计。加强统筹、规划和引导，对通用航空产业园规划建设的数量、规模和产能进行控制，避免形成制造项目和机场建设等的恶性竞争。同时，建议对通用机场及配套的空中交通管制系统、飞行服务站、维修站等，参照民用运输机场标准给予建设运营适当补贴，使通用机场保持较低的收费标准，以培育正在成长期的通用航空企业。

全国政协委员、百度公司董事长兼首席执行官李彦宏：

通用航空当然应该大力发展，尤其要加大机场建设的力度。目前，美国有 10000 多个机场，我们的差距还是很大的，希望中国也能建设更多的机场。

两会观察：通用航空产业将迎来发展黄金期

近年来，通用航空发展成为两会上民航业内外两会代表委员们热议的话题。从去年的全国政协委员李彦宏、全国人大代表陈爱莲，到今年全国政协委员李军、全国人大代表汤宗伟，都提交了关于推进通用航空发展方面的建议与提案。通用航空发展得到了越来越多的社会认同与广泛关注。

目前，我国已经具备通用航空产业快速发展的基础，未来，通用航空产业发展前景广阔，将成为拉动我国经济发展的新的增长点。

发展通用航空已经具备了社会经济基础。根据国际经验，当国家人均 GDP 达到 4000 美元时，通用航空需求爆发，随即进入快速发展通道。2014 年、2015 年我国人均 GDP 分别达到 7480 美元和 8016 美元，远远超过 4000 美元，已经具备了发展通用航空产业的基础。

发展通用航空产业能够形成大规模、高质量的有效供给，符合国家政策导向。相当长一段时期内，我国都将以推进供给侧结构性改革为主线。供给侧结构性改革，最终目的是满足需求。随着国民经济持续快速增长及消费结构不断升级，通用航空在农林矿业作业飞行、医疗救护、抢险救灾、旅游观光等方面及公务、私人飞机的潜在消费需求将更加旺盛。通用航空产业的现有供给远远不能满足现实需求和潜在需求。发展通用航空产业能够满足部分人日益增长的物质文化需求，符合国家政策导向。

通用航空产业政策准，有力支持通用航空产业发展。2016 年 5 月 13 日，国务院办公厅出台《关于促进通用航空业发展的指导意见》，将通用航空业定位为我国的战略性新兴产业体系。这一定位激发了各级政府发展通用航空产业的热情，也吸引了民间资本进入通用航空产业。

有客观存在的经济发展基础，有国家经济、产业政策的有力支持，有各级政府和社会各界的积极投入，通用航空产业将迎来发展黄金期。

（原载于中国民航网，2017 年 3 月 10 日，记者为张嘉宁）

4.11 无人机的中国速度

2 月 5 日，在京东物流在西安举办的题为"陕西省全域无人机物流配送经营性活动试点启动仪式暨产业创新发展论坛"的发布会上，中国航空运输协会通用航空分会主任单位领导、中国民航大学副校长、全国政协委员吴仁彪向环球网介绍了中国民航在民用无人机发展方面的总体情况。

中国无人机市场达到全球领先地位

吴校长介绍说，"根据我们调查的数据，中国无人机市场在全世界范围内处于领先地位。第一从产能分析，2014—2016 年、2017 年上半年、2017 年下半年，这三个阶段的产量都达到了 25 万台，今年的产量突破 50 万台我认为没有问题。"

"第二是行业市场规模预测，到 2020 年行业级无人机规模将达到 100 亿元产值，年增长率达 30%～40%，产量从 2014 年、2015 年到 2016 年以190%的速度增长，这种速度在全世界绝无仅有，这便是中国的速度。"

"第三是投递类规模剧增。这种增长与物流配送行业的发展是息息相关的。随着物流行业迅速发展，投递类规模日益扩大。从政策角度讲，国家在 2015 年就明确提出要鼓励推进干支线无人飞机、直升机通用产业规划。2016 年，国务院印发的《"十三五"国家战略性新兴产业发展规划》和《"十三五"国家信息化规划》中也提到了相关问题。"

通用航空关注新重点

"无人机属于通用航空。所谓通用航空，顾名思义就是大家都用的航空活动，无人机显然是典型的通用航空范畴。"吴校长向记者介绍说，"军用无人机的应用将改变未来战争的形态。《战狼Ⅱ》给无人机做了很好的科普，无人机在军事方面用于侦察、打击，包括无人机反制等，得到了广泛的应用。"

"无人机通用航空的发展特点是跨行业拓展加速。在这个行业里，先发优势将继续产生试点影响，硬件行业的崛起、软件和服务行业的发展是无人机通用航空发展的推动力。无人机操作手必要综合素质的提升也是行业发展的动力之一。"

无人机物流领域的现状和展望

无人机市场优势，第一个是直线距离最短。无人机一个典型的应用，是可解决偏远山区和岛屿地区等地面交通不便条件下的快速物流。

比如在云南山区的一个悬崖村，环境条件十分恶劣，很难修筑一条通往外界的道路。如果利用无人机技术提供物流服务，我们完全可以作为精准扶贫的手段，将扶贫物资运送至村内，同时将悬崖村出产的土特产运到外面来，从而加强了村子与外界的沟通，提高了村民的生活水平。

另外，利用无人机进行物流也可以大幅度节约人力成本。数据显示，美国的亚马逊公司每件快递人力成本达 8 美元，中国的京东集团测算与其大致持平。如果无人机物流成规模化应用，这个成本将会大幅度下降。今后 2 千克左右的小件快递，85%都可以通过无人机完成配送。

加强管控是推动无人机行业发展的先决条件

与国外的无人机行业一样，我国的无人机发展也面临管控方面带来的巨大压力。

2017 年 12 月，工业和信息化部出台了《关于促进和规范民用无人机制造业发展的指导意见》，其希望到 2025 年产值达 1800 亿元，保持国际领先的势头，同时也提到民用无人机应注重安全可控的良性发展。近期，《无人驾驶航空器飞行管理暂行条例》也进入了公开征求社会意见阶段，这使得我国无人机行业发展有章可循。

吴校长说："《无人驾驶航空器飞行管理暂行条例》的实施，将明确生产厂商、销售方和经营方的责任与权益，界定各方职能、任务及协同关系。该条例兼顾安全发展的同时，维护了社会产业的需求。"

破冰之作　京东无人机物流常态化运营

吴校长对记者表示："最后我也对京东的试点谈谈个人感受。第一意义非常大，第二难度也非常大。京东集团作为电商物流行业的龙头企业，此番进军无人机物流领域，抢占制高点，实现了常态化运营。可以预测未来无人机领域，行业发展迅速，技术飞速进步，硬件成本进一步降低，解决了物流行业'最后一公里'的痛点。"

（原载于环球网，2018年2月6日，记者为龙殇）

4.12　国家加强顶层设计　规范发展通用航空产业园

记者：近年来通用航空发展也一直是两会关注的焦点，您作为中国航协通用航空分会的协调负责人，如何评价目前通用航空的发展？

吴仁彪：通用航空是国家战略性新兴产业。国家"十三五"规划纲要提出，要加快通用航空发展。中国民航局提出了"放管结合、以放为主、分类管理"的理念，要建立独立的通用航空法规标准体系。我相信，我们国家的空域管理体制改革近期有可能取得突破性进展，为整个通用航空发展扫清障碍。

记者：所以您对通用航空未来的发展前景是持自信的态度。

吴仁彪：对，对，我觉得这两三年按中国民航局的规划，将扫清通用航空发展的各种障碍。我倒是对通用航空下一步的发展有几点建议。

记者：哪几点？

吴仁彪：第一点，通用航空要能真的发展起来，中国民航局要继续积极作为。第二点，就是关于通用航空产业园，发展要规范。最后一点呢，我希望国家加强通用航空发展的顶层设计。

记者：目前中国的无人机技术可以说发展非常迅猛，那么现在无人机的发展前景，您怎么看待呢？

吴仁彪：无人机产业的发展是中国比较引以为傲的。中国现在的无人机，无论是在技术力量、产业规模，还是在无人机企业实力方面，都是处于世界领先地位的。

记者：无人机对航空安全又会造成什么样的影响？

吴仁彪：2017年，无人机扰航事件频发，对航空安全构成了严重挑战。中国民航局去年下半年专门做过一个实验，就是用无人机和飞机相撞，结果无人机把那个飞机玻璃整个儿撞碎了。所以它对航空安全的影响是毋庸置疑的。无人机要能良性健康发展，有个前提——它必须安全可控。这里的安全既指航空运输安全，也指公共安全。所以我建议，地方政府无论是在无人机发展还是在通用航空发展方面，都要承担主体责任。将来无人机飞行管理方面的条例出来以后，问题就变成谁来执法。把这个低空监视执法任务交给地方公安，真正使无人机安全可控了，我们的通用航空和无人机才能快速发展。

（根据新华社客户端 2018 年 3 月 13 日的专访视频整理，记者为屈萌。本节仅摘录了关于通用航空与无人机发展的相关内容）

4.13　建议专设空中交警队伍　开展无人机常态化安全执法

随着无人机技术的迅猛发展，无人机在机场附近违规飞行严重干扰航班运行、严重危及飞行安全的事件日趋多发，已经成为一项亟须整治的安全隐患。

2017 年 4 月，全国 5 个机场累计发生 13 起无人机飞行影响飞行安全事件，造成 288 个航班返航、备降、等待或取消。其中，成都双流机场尤为突出，无人机违规飞行对民航旅客生命财产安全和民航正常运行构成严重威胁。

全国政协委员、中国民航大学副校长吴仁彪建议，地方政府要积极作为，承担起无人机安全监管的主体责任，加快技术监管手段和平台建设（如无人机云平台等）。能够查处"黑飞"和违规飞行的无人机，专设空中交警队伍，开展常态化安全执法和检查。

（原载于央视新闻客户端，2018 年 3 月 4 日，记者为刘璐璐）

4.14 牵住通用航空发展的"牛鼻子"

抓住核心和关键

全国政协委员、中国民航大学副校长、中国航空运输协会通用航空分会协调负责人吴仁彪认为，我国通用航空产业发展现阶段仍然处于产业规模形成的起步期和市场培育期，与运输航空相比，在行业规模、市场成熟、企业能力、法规建设等方面都有很大差距，所面向的市场也不是同一个领域。正如冯正霖局长在中国民航局通用航空工作领导小组第四次会议上，对通用航空发展阶段性特征所作的高度概括：一是处在政策法规调整期，主要表现为由套用限制向分类施策转变；二是处在监管制度转换期，主要表现为由全覆盖式向精准式转变；三是处在新兴业态萌芽期，主要表现为由传统业态向新兴业态转变。

"分类管理"对通用航空工作来讲，可以说是抓到了通用航空发展的核心和关键，是"牵住了牛鼻子"。分类管理，就是有针对性地管理，就是精细化管理。在前期确定分类管理基本思路的基础上，现在中国民航局专门出台指导性文件，对分类管理进行深入系统阐述，虽然是以分类管理为题，却明确了"放管结合，以放为主；问题导向，提升服务；改革创新，试点引路"这三大基本原则，吴仁彪理解，这是近期从中国民航局角度提出的促进通用航空发展的路线图（有些不可控的内容没有涉及，比如低空空域开放的力度和速度等），对厘清通用航空管理工作思路，细化通用航空管理工作内容，指导通用航空管理工作开展，提升通用航空管理工作质量，促进通用航空协调、持续、健康发展都具有重要意义。

早在 2016 年中国民航局通用航空工作领导小组第二次会议上，冯正霖局长就提出了"分类管理"的概念。经近两年的探索和实践，中国民航局在"放管结合、以放为主"的基础上，将"分类管理"又进一步确定为通用航空管理工作的基本思路。

这次的《民航局关于通用航空分类管理的指导意见》（以下简称《指导意见》），是对"分类管理"进行的全面概括和系统阐述。因此，"分类管理"

经历了从概念的提出，到思路的确定，再到系统地发布这么一个过程，是个认识不断深化、实践不断积累、内容不断完善、规律不断提炼的过程。

在中国民航局通用航空工作领导小组第四次会议上，中国航空运输协会（简称中国航协）增补为领导小组成员单位，充分说明行业协会在通用航空发展中有非常独特的作用。冯正霖局长在会议讲话中对中国航协还专门提出要求："要充分发挥中国航协的桥梁作用，促进行业自律，维护会员企业权益，推动提升通用航空发展水平，推进行业治理体系和治理能力现代化建设，为通用航空发展做出更大贡献。"对此，中国航协及其通用航空分会将认真研究，并积极贯彻落实。

新业态呼唤新规则

国家现在大力提倡团体标准建设。中国航协及其通用航空分会积极响应国家号召，从今年开始，已把通用航空团体标准建设列入议事日程，作为一项重要工作内容来抓。《指导意见》提出，鼓励行业协会分类制定通用航空生产、娱乐和消费应用领域的标准和规范，加快更新传统作业规程，加快制定新兴业态服务标准。吴仁彪认为，这里的生产，主要指工农林牧渔等通用航空作业，是通用航空运营的传统作业项目；娱乐和消费，主要指航空体验、低空旅游、航空运动、空中游览、短途运输、医疗救护、无人机物流等，是发展潜力比较大的通用航空运营新兴业态。

据统计，到去年年底，我国开展低空旅游项目 88 个，拟开展 132 个。虽然这些新兴业态当前的盈利状况还不尽如人意，但未来会有巨大的市场规模和广阔的发展前景。

新兴业态必然呼唤新的规则，传统业态也需要适应新的形势、拓展新的业务，这都需要通过制定新的标准规范去引领和规范。在当前国家级标准规范和行业级标准规范都要求缩减，并大力发展团体标准规范的形势要求下，通过行业协会制定团体标准，在一定范围内先行先试，在行业性标准和政策法规出台前，起探路子、打基础、做支撑的作用，无疑是促进行业健康有序发展的有效之举。

其实，除了标准，还应更多地发挥行业协会在"放管服"中，特别是"服务"中的作用，让行业协会承担更多事务性工作及公共服务。中国航协通用航空分会，近几年在辅助中国民航局工作方面，就承担了重大政策出台前征询企业意见建议、通用航空供求信息平台运营维护、通用航空法规和规范性文件调研梳理、无人机企业申请经营许可信息初审等工作，现在正在积极落实中国民航局赋予的改革开放 40 年通用航空发展成就展的筹备工作。

中国民航局通用航空工作领导小组第四次会议增补中国航协为领导小组成员单位，就充分体现了中国民航局对行业协会在通用航空"放管服"工作中所发挥作用的高度重视，也是对近年来中国航协及其通用航空分会工作的肯定。

国企应有国企的担当

"放管结合、以放为主、分类管理"是当前中国民航局通用航空管理工作的基本思路。吴仁彪建议再补充一句"提升服务"，即"放管结合、以放为主、分类管理、提升服务"。这样表述后，"放""管""服"三个方面就都有了，既可全面体现国务院"放管服"要求在通用航空领域的贯彻落实，也能全面体现中国民航局近年来所做的实际工作。

《指导意见》中提到的"分类监管机制、企业评价机制、服务保障机制、督办督查机制"四项机制，总的来看，吴仁彪觉得，是"管"的要少、"评"的要准、"服"的要多、"督"的要好。下面吴仁彪主要想谈谈这个"评"，即"企业评价"问题。

吴仁彪认为，委托第三方评估机构对企业进行综合评价，是对企业的管理治理权进行"放"的一种新形式，也必然是一种有效手段。因为，与运输航空不同，通用航空企业"多、小、杂、新、散、难"的特征明显，单靠中国民航局很难掌握众多企业的实际状况。如果将企业评价事务交给第三方，特别是交给与广大企业有着天然联系的行业协会去组织，吴仁彪认为，这样的企业评价形式，将会取得得天独厚、事半功倍的效果。

说到企业评价，吴仁彪再补充一个观点，就是国企的担当问题。目前通用航空在研发制造、航油供应等方面短板明显，而国企是研发制造和航油供应的主体。因此，吴仁彪建议，提倡"国企就要有国企的担当"，国企应该"使命高于利益"，不能以盈利作为最高甚至唯一目的。

数据的统计与共享

建设线上服务系统、建设飞行监控系统、完善数据统计和共享系统、完善行业信息供求平台，这些都能反映中国民航局在通用航空发展过程中，将自身角色从管理者向服务者转变，以有效降低通用航空企业的运营成本，掌握通用航空发展的全面信息，为企业提供全方位服务。

其中的"行业信息供求平台"，根据中国民航局授权，目前正在由中国航协通用航空分会负责运营和维护。《指导意见》提出下一步还要对平台进行拓展，分类完善作业招标、专业人员、机场开放、航线开辟、运输需求、航空器购销、航材供需、航油供应、通用航空保险等供求信息发布。吴仁彪认为，这将进一步完善"行业信息供求平台"的服务功能，更好地适应通用航空发展的需要，为通用航空企业发展创造更加有利的外部环境。

关于数据统计和共享问题，《指导意见》提出，要创新通用航空统计指标体系和通用航空生产运行数据收集渠道，及时、客观、全面反映我国通用航空对国民经济、社会民生的重要性和贡献度。

吴仁彪认为，国家通用航空数据统计，应该是全国通用航空数据的汇总。中国民航局的统计数据，要根据统计法的要求，尽可能及时、准确、全面地对外公布，让社会了解行业发展情况（现在的《从统计看民航》每年 7—8 月份才发布上一年的统计数据，时效性较差）。因此，中国民航局可以充分发挥行业协会的作用，鼓励和支持行业协会从全行业的角度（既有中国民航局的统计数据，也有其他部门如体育、无人机、制造等统计数据）收集整理行业发展数据，并及时全面对社会发布，为政府科学决策提供支撑。中国航协通用航空分会现在每年都编写《中国通用航空发展报告》和《中国民用无人机发展报告》，也是力求用完整的数据反映行业的发展情况。

另外，无人机作为通用航空的重要组成部分，其数据也应纳入通用航空数据统计之中。目前，全国注册民用无人机数量已超过 20 万架，申请民用无人机经营许可证的企业已突破 3000 家。无人机在通用航空产业中的地位、作用越来越凸显，在通用航空数据统计方面，民用无人机数据也是不可或缺的。

（原载于国际空港信息网，2018 年 8 月 22 日）

4.15　关于加强通用航空政策引导的建议

近年来，国家高度重视发展通用航空。2016 年，国务院办公厅印发《关于促进通用航空业发展的指导意见》，首次将通用航空纳入国家战略性新兴产业范畴，明确了地方政府、各相关部委、军方的职责分工。在近两年的政府工作报告中，均强调要加大通用航空基础设施建设力度。刚刚发布的《中共中央　国务院关于新时代推进西部大开发形成新格局的指导意见》中强调"积极发展通用航空"。上述政策出台以来，各部委相继采取措施促进通用航空发展。例如，中国民航局会同财政部加大对通用航空的政策支持力度，充分利用中央财政资金，在巩固传统工农林渔业生产作业飞行、壮大飞行员队伍、促进短途运输发展、支持应急救援等方面发挥了重要作用。截至 2019 年年底，全国传统通用航空作业飞行 112.5 万小时，在册航空器达 2675 架，通用航空企业达 478 家，比 2015 年分别增长了35%、25.8%、41.2%。中央财经政策虽对促进通用航空发展起到积极作用，但随着通用航空的不断发展，现行政策的局限性有所显现，需要及时予以优化、加强，以进一步促进通用航空发展。

1．主要财经政策及实施现状

目前，通用航空相关企业可申报的资金支持政策主要有《通用航空发展专项资金管理暂行办法》《民航中小机场补贴管理暂行办法》《支线航空补贴管理暂行办法》。据统计，通用航空发展专项资金补贴已累计发放 27亿元，其主要补贴通用航空企业作业飞行和飞行员执照培训，超过 200 家通用航空企业受益；民航中小机场补贴累计发放 7947 万元，主要用于补贴开展通用航空短途运输的通用机场，11 个通用机场受益；支线航空补贴累计发放 1040 万元，用于补贴通用航空短途运输飞行，超过 10 家企业受益。以上政策涵盖了通用航空作业飞行、通用航空短途运输、应急救援及通用机场运营等通用航空主要领域，对于增强通用航空企业运营能力、促进通用航空产业整体实力提升发挥了积极作用。

2. 存在的问题

通用航空相关补贴政策较好地发挥了引导和杠杆作用，带动了通用航空产业快速发展，但目前还存在以下问题。

（1）政策适用范围未及时调整。一是行业发展形势发生变化，无人机新业态不断涌现。2019 年，全国实名注册无人机达 39.2 万架，全年飞行 125 万小时，为通用航空发展注入新的活力。但现行政策未予覆盖，只补贴具有通用航空经营许可证且具备运行合格证的传统通用航空企业。在今年新冠疫情防控期间，无人机企业发挥了重要作用。据有关统计，截至 4 月 27 日，执行疫情防控任务的 141 家企业中有 100 家无人机企业，占比 70.9%；1001 架航空器中有 846 架无人机，占比 84.5%。但按照现行补贴政策，执行疫情防控任务的无人机企业无法申请应急救援补贴。二是民航深化"放管服"改革，规章体系即将发生重大变化。据新修订的《通用航空经营许可管理规定》（CCAR-290，已征求社会意见），将无人机企业纳入规章管理；同时，通用航空相关的运行规章修订后，部分传统运行情形将不再审定，无人机企业无相应规章，这也使修订现行政策迫在眉睫。

（2）对基础设施建设的支撑作用未完全落实。《通用航空发展专项资金管理暂行办法》规定，"对通用航空企业购置、更新和改造投资额在 30 万元及以上的作业设备、安全设备的补贴标准执行有关固定资产管理规定，单个项目补贴不超过 100 万元。"但是，自该文件出台以来，一直未严格执行相关补贴政策。

（3）现行政策较为分散，有待整合。除了《通用航空发展专项资金管理暂行办法》《民航中小机场补贴管理暂行办法》《支线航空补贴管理暂行办法》，还有《民航节能减排专项资金管理暂行办法》和《民航基础设施项目投资补助管理暂行办法》也适用于通用航空企业。这些政策在细分领域均可适用通用航空企业，但较为分散，通用航空企业研究不够、不透，对补贴政策把握不够全面、准确，也难以申请相应补贴。

（4）政策的基础性工作尚待加强。重大政策制发前应进行充分调研、测算、评估、论证并征求利益相关方的意见，方可保证政策的精准、有效。4月30日，财政部、中国民航局联合印发了新修订的《民航中小机场补贴管理暂行办法》，其中较大幅度降低了对部分保障短途运输通用机场的补贴标准，相关企业高度关注。以2020年补贴11个通用机场4339万元为例，按照新办法简单测算后，补贴额将减少55%。同时，新文件中规定"通用机场保障通用航空短途运输业务达到一定量级的，固定补贴按照同类机场补贴标准50%核定……"，对这个"一定量级"却没有细化明确。

3. 有关建议

通用航空作为国家战略性新兴产业，正处于发展的起步阶段。绝大部分通用航空企业规模小、抗风险能力弱，尤其是受新冠疫情影响，企业收入普遍锐减。一季度，全国传统通用航空企业飞行时间同比下降56.2%，其中培训类和消费类降幅超过70%；无人机飞行13.8万小时，同比下降34.3%。广东、湖北等地更为严重，企业营收锐减。多数通用机场也因新冠疫情停止运营，收入大幅减少。与此同时，通用航空企业要统筹疫情防控与复工复产，成本支出相应增加，导致资金压力迅速增加，行业发展的不确定性增强，更加需要国家的政策扶持。鉴于此，从经济发展和社会效益两方面综合考虑，有如下建议。

一是进一步优化完善现行通用航空补贴政策。整合现有分散的政策，将无人机企业纳入补贴范畴，对保障应急救援任务的通用机场予以补贴。明确申报、发放补贴的标准，规范工作程序。

二是及时调整政策适用范围，明确政策导向。中央财政重点加强对公益特征突出的应急救援、医疗救护、短途运输等支持力度；加大对保障城市群、经济带、大湾区等国家战略实施提供通用航空服务的支持力度；在灾害频发、偏远及地面交通不便地区投资建设运营通用机场，更好体现国家政策的导向与激励作用。

三是鼓励地方政府扩大购买通用航空作业服务。地方政府结合当地抢险救灾、社会民生保障等需求，明确资金渠道，购买通用航空作业服务，保障当地经济社会发展，也为通用航空发展提供相对稳定的市场。

（全国政协提案，2020年5月）

4.16 关于在架空线缆加快安装航空警示装置的提案

1. 问题

（1）架空线缆已成为通用航空飞行活动的最大威胁：我国自 1949 年以来，共发生通用航空事故 288 起，撞线事故为 28 起，占事故总数的 9.7%，致死率达 54%；近 6 年来，共发生通用航空事故 120 起，撞线事故为 11 起，占比达 9.2%，致死率达 64%。

（2）在架空线缆及通信杆塔上加装航空警示装置是国际普遍做法：国际民航组织发布的《国际标准和建设措施——机场》附件十四，对架空线缆安装障碍物标志和/或照明物体的适用条件，以及标志物的形状、大小、颜色、光强等给出了相应要求；《美国联邦航空局——障碍物标志和照明》在国际民航组织标准的基础上，对航空障碍物标志和照明物体的管理程序、涂装、标记、悬挂、照明灯做出了详细规定。澳大利亚、新西兰联合标准委员会对架空线缆及其支撑结构标志物的安装适用条件、颜色、形状、光强提出了详细要求，为规范低空飞行和净空环境保护提供了指导依据。

（3）我国架空线缆上安装的障碍灯或警示标志普遍缺失：长期以来，在我国机场及其净空保护范围以外的超低空区域，特别是横跨河流、山谷、高速公路、高速铁路或位于低空航空器目视走廊中的架空线缆上，障碍灯或警示标志普遍缺失。近些年来，因挂撞架空线缆而发生的通用航空事故逐年增多且呈快速增长的态势，已引起了行业主管部门的高度重视。2021 年 2 月 23 日，中国民航局飞行标准司下发了安全运行通告《直升机防撞线》，提出了直升机安全运行建议，为直升机运营人制定有关风险防控措施提供了技术参考。

（4）航空器撞线事故的影响：航空器撞线事故，不仅造成航空器的损失和对驾乘人员生命安全的威胁，对电力部门的基础设施和电网同样造成巨大损失。除此之外，由于通用航空飞行区域的广泛性特征，存在对社会公众和第三方利益损害的巨大风险，因此，发生通用航空撞线事故，已不是一两个行业或局部的损失。

（5）加装航空警示标志的迫切性分析：我国电网规模在 2009 年已超过美国，居世界第一，是全球唯一建成特高压输电网络的国家，截至 2019 年年底，110（66）千伏及以上输电线路长度达到 109.34 万千米。随着国家低空空域管理改革步伐的加快，通用航空业呈现快速增长的态势，航空器撞线事故发生的风险会急剧地增加，航空器低空飞行安全面临更严峻的形势，对架空线缆的航空警示标志需求会更加迫切。

2. 建议

（1）加强在架空线缆上安装航空警示装置的顶层设计：从未来通用航空发展的大众化方向和满足应急救援需要的社会化特点出发，布局和推动低空警示装置的加装工作；由电力部门和民航部门联合规划研究全国架空高压线缆航空警示球的安装和布局问题，制定相应的行业或国家标准；在输电线路和杆塔设计端，把警示装置安装作为线路建设的一部分。

（2）统筹协调，排出在架空线缆上安装航空警示装置的优先级：优先在军民用机场及低空飞行密集区域的架空线路上安装障碍航空警示球及障碍物标识；优先在威胁第三方安全的三跨线路上安装障碍航空警示球；以医疗救护、道路救援、海岛救援等特殊场景的救援需求为导向，优先设计加装航空警示装置。

（3）加快航空警示装置成熟产品的推广应用：在架空线缆及其支撑杆塔上安装航空警示装置，对保障低空飞行安全、降低电网损坏风险、保障电力设施和输送电安全与保障第三方安全均有重要意义。目前，已有单位研制完成满足民航标准要求的架空输电线缆航空警示装置，但由于缺乏产品技术及设备安装应用等相关标准，其在行业间协调使用受限。希望国家电网和中国民航局等相关部门积极参与，通过加强顶层设计，合力推进此项工作，最大限度预防和减少通用航空撞线事故的发生，有效保护行业发展及社会公众利益。

［全国政协提案，2021 年 3 月。该提案后来荣获全国政协 2021 年度好提案奖（见图 4-1）］

图 4-1　全国政协 2021 年度好提案奖

4.17　尽快提高飞行员培养能力　助推通用航空发展

中国民航局一直非常重视运输航空和通用航空"两翼齐飞"，针对通用航空提出了"放管结合、以放为主"的工作思路。吴仁彪认为，在未来一定阶段，我国通用航空发展中三个重要的增长点分别是：飞行训练、无人机和航空体育运动。目前我国一半以上的飞行训练需要在国外进行。

2020 年以来，由于新冠疫情，到国外培训这条路径已经走不通，近年来在民航院校形成了较严重的飞行员培养积压问题。吴仁彪建议，要转危为机，尽快提升国内飞行训练能力，夺回原来被国外占领的一半培训市场。这既有利于通用航空的发展，也有利于培养飞行员的当代民航精神，避免学生受到国外意识形态的不良影响。

除了增加必要的训练飞机，吴仁彪建议从四个方面改进通用航空安全监管工作与行业政策支持，以进一步促进通用航空发展。

一是细化中小型运输机场保障飞行训练的安全责任，将飞行训练发生的涉及机场的不安全事件不计入机场安全年度考核指标，在运输机场无航班运行时，飞行训练的管制指挥由飞行训练单位自己负责，相关安全责任由飞行训练单位自己承担。

二是降低民航院校训练飞行起降费标准。训练飞行的飞机小，起落架次多，起落航线训练 1 小时即可达 60 架次以上。中国民航局规定的运输机场起降费标准最低为 270 元/架次，按此标准收费对于民航院校来说成本难以承受。建议降低训练飞行的起降费标准，按运输飞行最低标准的五分之一收取。

三是加大对中小型运输机场保障通用航空运行尤其是飞行训练的激励力度，建议对运输机场按保障通用航空飞行起落架次给予机场通用航空补贴，或者出台相关减免税政策，增加机场收入，降低机场成本，提高机场保障通用航空运行的积极性。

四是对飞行员训练基地所在通用航空机场尽量少采用停航整顿方式，或者停航时间不要太长，以免人为降低飞行训练能力。

（原载于《中国民航报》，2022 年 3 月 4 日，记者为肖敏。本节仅摘录了与飞行员培养和通用航空发展相关的内容）

4.18 支持青少年航空科技体育发展

中国民航局一直非常重视运输航空和通用航空"两翼齐飞"，针对通用航空发展提出了"放管结合、以放为主"的工作思路。我认为，在未来一定阶段，我国通用航空发展中三个重要的增长点分别是：飞行训练、无人机和航空体育运动。航空科技体育充分融合了科学、体育、航空、人工智能等学科知识，它是无人机和航空体育运动的结合点，在激发青少年爱祖国、爱科学、爱航空、爱运动的情怀，树立 "航空强国、科技强国" 远大理想，提高学生科学兴趣，提升创新思维，培养综合能力，为国家培养全面发展的后备人才等方面具有巨大优势。

目前我国航空科技体育与素质教育尚未充分衔接和融合，在培养青少年综合素质教育方面还有很大的潜力可以挖掘，主要体现在以下方面。

一是航空科技体育普遍偏重竞技特性，而对于航模本身存在的众多理论知识学习、科学探究和创新能力方面的培养较少。

二是航空科技体育竞赛项目主要采用以飞行技巧作为衡量标准的单一测评体系，对青少年的综合素质考量体现较弱。

三是航空科技体育的辅导员、教练员在综合素质教育培训的专业能力上偏弱，教师队伍和俱乐部体系的建设尚未完善。

围绕国家 "体教融合" 发展要求和《全民科学素质行动规划纲要（2021—2035 年）》政策的贯彻实施，结合新时代学校 "五育并举"，深化 "双减" 教育的工作要求，建议充分结合航空科技体育的运动特点，挖掘其在科技、教育方面的优势，以提高中小学生的科学素养为目标，以培养学生的创新精神和实践能力为重点，通过系统化、专业化的优秀项目，进一步推进青少年航空科技体育进校园、入课堂活动，充分发挥航空科技体育在提升学生综合素质和核心素养中的重要作用。建议如下。

一是鼓励广大中小学开展航空科技体育进校园活动，积极开展航模普及教育，夯实青少年发展基础。

二是打造青少年航空科技体育运动多元化评价机制，基于航模运动的科技、体育、教育属性，建立完善的线上线下相结合的竞赛体系。

三是积极推动航空科技体育运动专业辅导员、教练员队伍的建设，逐步壮大师资队伍，提升航空运动师资和教学水平。

四是鼓励青少年航空科技体育俱乐部发展，建立衔接有序的社会体育俱乐部竞赛、训练和培训体系。

五是加快完善航空科技体育传统特色校建设和评审标准，推动全国传统特色校的建设，创建国家级综合素质教育品牌。

（原载于今日头条 App，2022 年 3 月）

4.19 《运动无人机：青少年航空体育》序言

人类现在已经进入"ABC"时代。A 代表人工智能（Artificial Intelligence），B 代表大数据（Big Data），而 C 则代表云计算（Cloud Computing）。随着互联网、移动互联网和物联网技术的快速发展，人类获得了越来越多的可用数据，需要更强的数据存储和分析处理能力。大数据和云计算的结合为实现人工智能所需的深度学习提供了有效支撑。近日，国务院印发《新一代人工智能发展规划》，该文件提出要在中小学阶段设置人工智能相关课程，推动人工智能领域一级学科建设，把高端人才队伍建设作为人工智能发展的重中之重，完善人工智能教育体系等内容。人工智能从娃娃抓起已经成为社会共识。

随着人工智能技术的快速发展，越来越多的机器人问世并被投入使用，比如无人机、无人车、无人船、无人超市等，它们正逐步改变我们工作和生活的方方面面。2017 年 4 月，我应邀回母校西北工业大学参加研究生毕业典礼并作为校友代表致辞。在从机场到西北工业大学的路上，收到一个朋友通过微信发来的机器人写诗软件。它是 IBM 中国研究院开发的，把中国的唐诗宋词等作为训练用的大数据，通过深度学习，机器人能够自动作诗。只要输入四个字，它就可以自动生成以这四个字打头的七言诗或五言诗。我原来发言稿的最后一句话是"祝大家一切都好"，在输入"一切都好"后，机器人生成了以下诗句：

> 一铃催得本生春，
> 切上长安不此身。
> 都傍霸陵尘里客，
> 好看黄鸟与飞人。

大家看看，很人性化，我那天在西安，诗里就出现了"长安"和"霸陵"。所以我把此诗送给所有毕业生，希望他们毕业后不要懈怠，要终身学习，迎接机器人的挑战！

无人机从本质上就是遥控飞机，或者是披着飞机外衣的机器人。近年来，中国民用无人机产业发展迅猛，从技术水平、产业规模和应用范围等多个角度看，均处于世界领先水平。近年来，民用无人机，尤其是消费级无人机，在巨头大疆创新的推动下，迅速进入寻常百姓家。如同卫星导航定位系统 GPS 和北斗一样，现在无人机的应用几乎就取决于人们的想象力。

作为中国航空运输协会（简称"中国航协"）通用航空分会协调负责人，2018 年 8 月下旬，我应会员单位中斗科技的邀请，出席在张家口举办的首届世界无人机锦标赛中国队选拔赛（见图 4-2），共 200 多位选手参加比赛，最小的选手才 5 岁，也有来自延安希望小学的选手。这个活动的举办方是中国航空运动协会（也简称"中国航协"）。通过参加此项活动，我了解到除了中国民航局，国家体育总局在通用航空和无人机方面也非常活跃。我是首个发现中国有两个"中国航协"的人，但遗憾的是，这两个"中国航协"平时交流不多。2018 年 11 月初，我应中国航空运动协会邀请，出席在深圳举行的首届世界无人机锦标赛，再次亲身感受到航空体育运动的魅力，并在首日中国队 3 人进入 16 强后，用概率方法成功预测了中国队能够有人进入前三名（最后是少年组亚军）。

在 2018 年 8 月下旬参加首届世界无人机锦标赛中国队选拔赛的过程中，中斗科技董事长张勇提出准备出版一本青少年无人机体育运动相关的教材，以此助推我国航空体育运动的发展。中斗科技组织专门的队伍，在广泛调研和借鉴国外同类先进教材的基础上，很快完成了样书，并邀请我写个序言，我欣然接受了此邀请。

在阅读此书的过程中，我感觉该书有以下几个特点。

1. 知识性和适用性强

全书内容涵盖无人机的基本原理、制作方法和飞行控制技巧，无人机锦标赛的竞赛规则，航空体育运动未来的发展方向等，既具有较强的知识性，也具有较强的适用性。

2. 科普性和趣味性强

全书采取科普的方式来展开，比如讲螺旋桨时会补充重力的基本知识，书中用了大量图片，并通过类比方式讲清楚基本原理。比如将机架、螺旋桨、电机和飞控分别比喻成无人机的身体、翅膀、心脏和大脑。这种深入浅出的方式便于青少年较快理解有关科学知识和基本道理。

3. 从小培养守法意识

无人机快速发展带来了不少安全问题。近年来，无人机"黑飞"扰航事件频发，给民航安全带来了严重隐患。作为竞速无人机使用者，如果操作不当，危害更大。所以要从小培养孩子遵守空中交规的习惯，培养安全意识。本书在此方面也着墨不少。

总而言之，本书是一本难得的青少年无人机航空运动科普教材，对于提高青少年人工智能和航空知识素养、培养航空运动兴趣爱好大有裨益，有利于家长和孩子们在一起参与中互动学习与交流。希望两个"中国航协"携起手来，为我国培养一批航空爱好者，并共同促进我国通用航空和无人机产业的发展。

是为序。

（2018 年 11 月 24 日）

图 4-2　著者参加首届世界无人机锦标赛中国队选拔赛

4.20 《零基础学飞无人机》序言

"十三五"以来，通用航空被国家列为战略性新兴产业，2016 年，国务院办公厅出台了《关于促进通用航空业发展的指导意见》。最近一段时间，中国民航局密集发力，出台了一系列有利于通用航空产业发展的利好政策，希望通用航空在"热度上升"的基础上尽快"飞起来"。

"所谓'通用'，就是大家都用"。从这个意义上讲，无人机产业属于典型的通用航空产业范畴。中国民用无人机产业近年来正在迅猛发展，从技术水平、产业规模和应用范围等多个角度看，我国民用无人机产业的发展均处于世界领先地位。近几年，民用无人机，尤其是消费级无人机，在巨头大疆创新的推动下，快速地走入寻常百姓家，让原本"高高在上"的航拍飞行活动，变得平民化。如同 GPS 一样，现在无人机的应用几乎就取决于人们的想象力。

无人机的快速发展也带来了不少安全问题。近几年，无人机"黑飞"扰航事件频发，给民航安全带来严重隐患。一个很重要的原因就是，很多无人机使用者对于航空知识和无人机安全管理法规缺乏了解。我国在航空领域的科普工作做得还不到位，大多数百姓对于航空知识还十分陌生，尤其是航空安全知识的普及严重不到位。很高兴看到《零基础学飞无人机》这本书在航空安全知识的科普方面花了不少笔墨，如谈到了孔明灯还特意备注了孔明灯不能在城市随意放飞。

本书是一本难得的无人机和航空知识的科普图书。细看这本书后，发现有如下几个特点与大家分享。

（1）内容丰富多彩。在作者的视野里，除了进一步阐述了无人机作为空中机器人（或披着飞机外衣的机器人）与航模的差异在日益凸显，更为可贵的是，他们形象地把人类（尤其是我们祖先）对于飞行的渴望用一个个生动的故事和传说呈现出来，这里的每一段都是教育青少年和儿童的很好的素材。

（2）专业知识深入浅出。无人机的结构与飞行原理是颇为专业的行业知识，但作者通过大量配图，把复杂的无人机构成与原理以图片的形式呈现介绍，并且避开了部分晦涩难懂的专业术语，采用最通俗的讲法，让读者在不知不觉中懂得了一个航空院校学生费老大劲儿才能弄明白的航空知识，从而不会对艰深难懂的航空知识和无人机原理望而却步。

（3）飞行基本功翔实实用。在遥控器是无人机"标配"的现阶段，强调操作员基本功的修炼是十分重要的，正如马步是练习武术最基本的桩步，起飞、悬停、精准降落都是安全飞行的基本功，绕杆飞行、圆形航线等则是安全飞行需要进一步训练的步骤。

（4）无人机法规内容与时俱进。本书结合了中国民航局与国家其他相关管理部门最新的关于无人机的管理要求，进一步为读者解读了什么地方不能飞、什么部分需要进一步注意，做到安全飞行、合法飞行、有序飞行。本书也介绍了目前无人机管控的一些基本手段（比如无人机云系统）。随着国家低空空域管理改革的深入发展，相信国家会进一步有序、安全地规范和管理无人机各项飞行活动。

上面仅仅是我粗读这本书后的一些感受，想必读者读了此书后会有更多的感受。因此，我向各界各个年龄层次刚接触无人机的人士推荐此书。青少年朋友读了此书，一定能了解飞行的魅力，更自觉地做到安全飞行；中年朋友读了此书，在长见识的同时，兴许还能增加一些与孩子交流的话题；对老年朋友来说，可以拿此书作为休闲时的读物，读到精妙之处可以发出会心的一笑，说不定还会圆您一个飞行梦。

本书的作者之一刘俊辉先生是中国民航大学的毕业生，与我校大多数校友一样毕业后进入航空公司工作。稍微让我感到意外的是，他从深圳航空香港营业部离职，选择进入无人机领域创业。因为在几年前，这还是一个充满了很多不确定性的新领域。

前几天，我来到深圳市出席第二届世界无人机大会。会议期间，俊辉先生邀请我为他的科普图书写个序言，我说你把书稿发给我看看再说。今天我坐飞机回天津，到深圳机场后刚好遇到天气原因引起的航班延误。于是我用手机打开该书的样稿，利用等机的时间将其一口气读完，全然没有航班延误引起的焦虑感，并在回程飞机上一气呵成写了本序言。

（2018 年 6 月 23 日于飞机上）

4.21 本章小结

本章回顾了著者 2008 年到 2023 年期间为通用航空、无人机和航空体育运动发展 "鼓与呼" 的过程，相当于 2024 年低空经济元年前著者建言献策的历史，读者也可以由此了解低空经济发展的过去，更好地展望未来。

延伸阅读资料

① 吴仁彪. 两个 "中国航协" 携手，协同推进中国通用航空和航空运动发展. 大会特邀报告（2019 国际航空运动高峰论坛，武汉），2019 年 5 月 17 日.

② 吴仁彪. 打造世界一流的航空航天航海产业生态. 大会特邀报告（第二届航空航天航海国际工程科技战略高端论坛，北京），2022 年 12 月 15 日.

③ 吴丹. 空域开放速度和力度是通用航空发展关键. 采访报道（中国经济网），2012 年 3 月 14 日.

④ 程婕. 通用航空需要复合型人才. 采访报道（中国民航报），2014 年 3 月 14 日.

⑤ 程宏毅. 放开一片天空 打开一个产业. 采访报道（人民网），2012 年 3 月 9 日.

⑥ 吴仁彪. 用科研的方式参政议政. 图书（中国文史出版社），2019 年.

⑦ 张江舣. 将通用航空业作为新的经济增长点. 采访报道（中国交通新闻网），2016 年 3 月 11 日.

⑧ 中国民用航空网. 活跃低空经济 发展通用航空. 采访报道（中国民用航空网），2016 年 3 月 14 日.

⑨ 王蕾. 3000 米以下低空应对通用航空开放. 采访报道（中国民用航空网），2016 年 3 月 14 日.

⑩ 倪思洁. 空域管理制约通用航空发展. 采访报道（中国科学报），2016 年 3 月 17 日.

⑪ 张嘉宁. 推进通用航空发展 实现民航 "两翼齐飞". 采访报道（中国民航网），

2017 年 3 月 9 日.

⑫ 龙殇. 无人机的中国速度. 采访报道（环球网），2018 年 2 月 6 日.

⑬ 刘璐璐. 建议专设空中交警队伍　开展无人机常态化安全执法. 采访报道（央视新闻客户端），2018 年 3 月 4 日.

⑭ 国际空港信息网. 牵住通用航空发展的"牛鼻子". 采访报道（国际空港信息网），2018 年 8 月 22 日.

⑮ 刘俊辉，文放. 零基础学飞无人机. 图书（中国民航出版社），2018 年.

⑯ 张原，李宁馨. 加强通用航空政策引导. 采访报道（人民政协网），2020 年 5 月 24 日.

⑰ 肖敏. 在共享与交流中加快民航强国建设步伐. 采访报道（中国民航报），2021 年 3 月 11 日.

⑱ 肖敏. 用科研方式参政议政　助推民航强国建设. 采访报道（中国民航报），2022 年 3 月 7 日.

⑲ 吴仁彪. 支持青少年航空科技体育发展. 网络文章（今日头条 App），2022 年.

⑳ 中国航空运动协会. 运动无人机：青少年航空体育. 图书（人民体育出版社），2023 年.

第 5 章

未来低空经济发展的
思考与建议

5.1　引言

　　2024 年有望成为低空经济发展的元年。第 4 章介绍了著者 2024 年之前为低空经济发展"鼓与呼"的情况，本章先介绍我国低空经济发展的现状和面临的主要问题，再介绍 2024 年以来著者提出的代表性的全国人大代表建议和重要媒体采访报道情况，反映了著者对于我国未来低空经济发展的思考和建议。

5.2　我国低空经济发展的现状

　　改革开放以来，我国通用航空产业发展不及预期，主要是由于空域供给不足、航空制造技术落后等。近年来，随着国家政策高位推动和航空制造技术加快突破，低空经济在我国蓬勃兴起，初具规模。

　　一是低空飞行活动快速增加。截至 2024 年年底，注册无人机达 217.7 万架，同比增长近 100%；全年飞行 2666.7 万小时，同比增长 15.4%。通用飞机达 3232 架，全年作业飞行 134.1 万小时，同比下降 2.3%。

　　二是低空市场主体快速扩大。截至 2024 年，持有合格证的无人机运营企业总数超过 2 万家。大疆创新等较大规模的民用无人机生产企业已突破600 家，消费级无人机全球市场占有率达到 70%，中大型工业级无人机全球市场占有率达到 55%，民用无人机出口量世界第一。

　　三是无人机应用场景加快拓展。在个人消费、农林植保、地理测绘、警务安防等应用的基础上，应急救援、通信中继等应用场景不断被开发，空中游览、航空运动等新兴消费加速发展。在物流领域，无人机被顺丰、美团等企业已经规模化商用。eVTOL、飞行汽车正在开启城市空中交通新时代。

　　四是研发制造能力不断取得突破。2025 年 4 月 20 日，我国自主研发的水陆两栖大飞机 AG600 获颁中国民航局型号合格证。消费级无人机主要依托手机产业链，大中型工业无人机主要依托新能源汽车产业链，未来载人的大型 eVTOL 主要依托通用航空与新能源汽车的融合产业链，我国具备低空经济产业链完整的优势。

五是服务保障体系持续完善。截至 2024 年年底，全国在册通用机场数量达 475 个，飞行服务站、专业维修站、直升机起降点、无人机起降点等基础设施数量逐年增多。2024 年 1 月 1 日，民用无人驾驶航空器综合管理平台（UOM）正式上线，强制实行无人机实名登记，我国无人机数据收集统计全球领先。

低空经济产业链条长，应用场景丰富，资源要素高度聚集，对产业经济格局重塑作用强，越来越成为全球主要经济体角逐的新领域、新赛道。其中，我国在传统通用航空领域处于追赶状态，在无人驾驶航空领域与美国等发达国家处于全球并跑竞争阶段。

但是，我国低空经济发展也面临一些堵点和难点。2024 年，中国航空运输协会党委书记、理事长王昌顺和党委其他同志带队分赴深圳、成都、南京、合肥、广州、乌鲁木齐、乌兰浩特等 16 个城市深入调研，形成了《关于促进低空经济高质量发展的调研报告》。报告指出，低空经济发展，空域开放是关键，技术创新是支撑，政策协同是保障，安全发展是底线。当前，我国低空经济发展主要面临以下堵点、难点：一是空域用户对低空空域管理改革获得感不够强；二是低空基础设施建设处于起步阶段；三是传统通用航空器高度依赖进口、新型航空器面临适航审定瓶颈；四是法规标准体系建设相对滞后；五是安全管理能力不适应低空经济蓬勃发展的形势。

5.3 发展低空经济要因时因地制宜

这是中国民航大学副校长吴仁彪第 17 年参加全国两会。他是十一届至十三届全国政协委员、第十四届全国人大代表，可谓老委员、新代表。作为一名无党派代表人士，通过参加全国两会，他对中国全过程人民民主和新型政党制度有比较深入的了解和体会，经常应邀到全国政协干部培训中心等地作专题报告。

吴仁彪代表这次共提交了三个建议，主要内容包括"关于支持天津市滨海新区集聚发展壮大航空航天产业的建议""京津合作打造北方无人机产业集群的建议""借鉴高考经验改革硕士研究生初试方式的建议"。第一个建议被作为天津市代表团共同建议案，后两个建议都在网上引起了热议和广泛好评。

统筹推进民航科教人才工作

吴仁彪说，今年政府工作报告（以下简称报告）对于科技教育人才（简称"科教人"）工作的重视程度可以说是空前的。科教人的篇幅近五页，占报告的六分之一，占 2023 年工作回顾要点的七分之二，占 2024 年工作要点的前两条。在政策支持部分，结构性减税降费、金融政策和扩大有效投资都把科技创新排在第一位。报告指出，要把科教人工作三位一体统筹推进。

"近几年，中国民航局加大了对民航科教基础设施的支持力度，可以说是空前的。未来要更加重视人才工作，有灵活的高水平人才薪酬激励机制，因为人才是科教事业发展的核心，没有人什么事情都做不成"。吴仁彪建议，出台政策，支持行业内的民航重点实验室和工程中心加大与民航院校协同育人的力度，共建博士后和研究生联合培养基地，通过产教融合共同为民航发展培养博士后和专业学位研究生。2023 年，中国民航大学培养的国内首批航空安全专业的 6 个博士生毕业，并且获批民航系统首个博士后流动站，最近又在积极申报新的博士点，这将为民航高层次人才培养打下坚实的基础。

面对发展热潮，要因时因地制宜

2023 年 12 月召开的中央经济工作会议吹响了低空经济发展的号角，全国 20 多个省市在政府工作报告中都把低空经济作为新的经济增长点。今年的报告提出，积极培育新兴产业和未来产业……积极打造生物制造、商业航天、低空经济等新增长引擎。可以想象，低空经济将迎来一波发展热潮。

吴仁彪认为，2023 年低空空域改革的步伐明显加快，促进低空经济发展的规划纲要不断出台，中国无人机技术和产业在世界占据较领先的地位，现在的确是发展以无人机产业为龙头带动的低空经济的最好时机。对于这股热潮，吴仁彪表示："各地发展低空经济要因时因地制宜，不要一窝蜂追热点，不同地区发展步伐可以不一致，基础好的地方可以先发展，其他地方将来的重点在应用推广。"低空经济其实是通用航空的代名词，通用航空本来就包括无人机和航空体育运动。但发展低空经济、通用航空，不能只是简单地"圈地"，而是要想办法努力推动低空经济的持续健康发展。

京津唱好低空经济融合发展"双城记"

"我觉得天津和北京在发展低空经济方面还是很有优势的。"吴仁彪介绍，北京市延庆区和天津市滨海新区都是中国民航局公布的首批民用无人驾驶航空试验基地（试验区）。

在吴仁彪看来，在发展低空经济领域，天津有研发制造和空域资源优势。天津既有直升机制造公司，也有无人机生产公司，产业基础好。坐落于天津的中国民航大学有三个省部级科研平台与通用航空领域直接相关，2022 年天津市在发展通用航空方面曾受到国务院的表扬。

吴仁彪表示，北京有科技和人才优势，但是由于空域资源有限，无人机产业发展受到一定制约。而天津有很长的海岸线和很大的海洋面积，恰好在空域方面有独特优势。然而，目前京津两地在低空经济领域还没能完全实现优势互补、加强一体化发展，未能形成低空经济产业集群。

对此，吴仁彪建议京津两地在低空经济领域唱好"双城记"。"我有两个建议，一是两地错位发展，加强协同；二是将天津市滨海新区和北京市延庆区作为双引擎，加强产业链协同。京津冀正在编制航空航天产业链图谱，希望把京津两地合作发展无人机产业也纳入其中，形成产业集群效应，带动无人机产业上下游发展。"

在采访的最后，吴仁彪特别提到，中国民航的安全水平远远好于世界平均水平。在几种交通运输方式中，民航是最安全的。"我经常利用参加全国两会和到外地讲学的机会，从数据出发，讲中国民航安全发展的故事。"航空公司、机场和媒体等要一起努力，向公众普及民航知识，如低空风切变，晴空颠簸等，消除旅客乘机心理恐惧。从数据出发，让旅客了解中国民航的安全水平，这是我们真情服务应该做的，也将有助于进一步留住旅客，开辟民航市场。

（原载于《中国民航报》，2024 年 3 月 7 日，记者为高雅娜）

5.4　安全有序高质量发展低空经济

首次被写入政府工作报告、国家发展改革委正式成立低空经济发展司、330 余个城市提速 5G-A 商用进程打造低空通信网络、无人机飞行时长超 2500 万小时、粤港澳大湾区落地全球首条跨海医疗物资运输无人机航线……回望 2024 年，政策环境持续优化、市场需求不断增长、技术创新层层突破、产业生态繁荣壮大，低空经济从概念走向现实，从"空中飞"走向"落地用"，迎来快速发展。

2025 全国两会期间，代表、委员们依旧热切关注低空经济领域，并积极就安全有序高质量发展低空经济建言献策。

"目前各地发展低空经济的热情空前高涨，但要防止'现在一哄而上，将来一哄而下，满地鸡毛'的现象发生。"全国人大代表、中国民航大学副校长吴仁彪在接受《人民邮电》报专访时表示，"发展低空经济要因时因地制宜，条件好（有技术、有人才、有资金）的地方可以先发展，不要全国各地一起'交学费'。"

吴仁彪认为，对低空经济市场进行科学预测和有效培育至关重要，这将决定我国在发展低空经济产业中采取的技术路线和实施步骤。

"首先，要科学预测低空经济产业前景。"吴仁彪表示，发展低空经济的主要作用包括三方面，即促进经济发展、加强社会保障、服务国防事业。无人机的军事应用将改变未来战争的形态，应用场景无限。无人机的民用将改变我们的生活和工作方式，在应急、消防、遥感监测等社会保障领域也应用场景无限，但市场规模难以做得很大。"在促进经济发展方面，市场是根本，个人消费是关键和难点。由于低空气象复杂多变，低空飞行器的安全保障难度大，短期内购买低空飞行器的消费群体估计不会太大。"

此外，要充分考虑我国综合交通全面发展对于低空经济未来市场的影响。"我国是全世界唯一在铁路、公路、水路、民航、管道和地铁方面同时高速发展的国家。除了山区和海岛等特殊地区，未来用低空交通来补盲其他运输方式通达性的需求可能相对不大。目前，我国 50 万人口城市的高铁覆盖率已达 95%，2035 年将达 100%。"因此，"我们要科学预测低空经济的市场前景，2030 年产值达到 2 万亿元左右比较有可实现性。"吴仁彪说。

对于扩大低空经济市场需求，吴仁彪认为，加快智驾汽车规模化试点应用，有利于助推低空经济发展。

2024 年政府工作报告提出，巩固扩大智能网联新能源汽车等产业领先优势。我国在智驾汽车领域已经走在世界前列，亟需获得更多创新支持。吴仁彪建议，尽快修改《中华人民共和国道路交通安全法》等上位法，充分授权有条件的地方，结合本地资源禀赋，在更大范围、更多场景展开智驾汽车规模化试点应用，这也可以为低空经济安全有序发展提供借鉴。他表示："智驾汽车和低空飞行器关键技术都是新能源、5G 和人工智能，但低空飞行器安全保障更难一些。很难想象，如果公众不敢坐智驾汽车，会敢坐飞行汽车或 eVTOL 等低空飞行器。"

当前，全国各地掀起低空经济发展热潮。数据显示，全国近 30 个省份将低空经济发展规划写入了其 2025 年政府工作报告或在其 2025 年政府工作报告中提及低空经济相关内容，各地的低空经济项目也在密集落地。据了解，成都市一季度新签约项目 151 个，其中低空经济、商业航天、人工智能等新质生产力项目有 65 个，占比很高。

对于各地锚定低空经济"加足马力"的情况，吴仁彪认为："地方政府发展低空经济要有所为有所不为。发展低空经济，地方是主体。地方政府要多听听民航和航空专家的意见，多关注安全管控问题，'只有管得住才能放得开'。"

将来遍地开花的无人机怎么管？吴仁彪建议，各地尽快设立"空中交警"队伍，查处违规飞行的无人机，实现无人机常态化安全执法和检查。当前，很多地方都成立了低空服务保障公司，这对于"飞得起，管得住"非常重要，但其短期内很难盈利。对此，吴仁彪建议，除了前期基本建设经费投入，还要投入日常运行经费，建议其承接社会保障服务业务，比如承担"空中交警"执法检查功能，增强其"造血功能"。

（原载于《人民邮电》报，2025 年 3 月 6 日，记者为张佳丽，新华社客户端同天转发）

5.5　发展低空经济不要内卷，民企国企要合作共赢

3 月 5 日，2025 年政府工作报告正式发布。在一系列重点工作任务中，低空经济再次名列其中，和去年不同的是，今年强调要安全健康发展。

全国人大代表、中国民航大学副校长吴仁彪一直关注低空经济领域，今年他带来的建议正是：安全有序高质量发展低空经济，和政府工作报告中的要求十分契合。

吴仁彪在两会期间接受南都记者专访时表示，2024 年我国迎来低空经济发展热潮，不少国企民企纷纷涌入这一赛道，要防止一哄而上，避免过度内卷。国企民企各有优势，民企要主动对接具有研发、制造、测试、场景验证平台优势的国企，实现合作共赢。

要防止"现在一哄而上，将来一哄而下"

据吴仁彪介绍，自 2024 年低空经济被首次写入政府工作报告以来，全国发展低空经济的热情高涨。据统计，我国 17 个省（自治区、直辖市）将低空经济写入地方政府工作报告，10 个省（自治区、直辖市）政府工作报告中提及低空经济相关内容，19 个省（自治区、直辖市）出台行动方案。包括副省级城市、地级市区、县级市区在内，超过 100 个地方政府出台了促进低空经济发展规划或实施方案。

"目前各地发展低空经济的热情空前高涨，但要防止'现在一哄而上，将来一哄而下，满地鸡毛'的现象发生。"吴仁彪特别谈到。

吴仁彪建议，发展低空经济要因时因地制宜，条件好的地方可以先发展，"条件好"是指有技术、有人才、有资金。低空经济是技术、人才、资金密集型产业，投资长，见效慢，需要韧性投资。条件好的地方，比如深圳，可以先试点，再推广应用，不要全国各地一起"交学费"。

此外，吴仁彪还告诉南都记者，低空经济不是新概念，2010 年就由中国民航大学科研团队提出，它就是通用航空产业的代名词。"低空经济"与"通用航空产业"的关系如同"银发经济"和"养老产业"的关系。2016 年，国务院办公厅就出台了《关于促进通用航空业发展的指导意见》，把通用航空产业作为国家战略性新兴产业加以培养，由此迎来了上一轮通用航空热。

"上一轮通用航空热更多的是话题热，很多地方借通用航空热搞圈地运动，建了很多通用航空或航空产业园，现在不少处于闲置状态，或产业项目名不副实。"吴仁彪说，建议优先盘活上一轮通用航空热的存量资源，但不要把"僵尸企业"和低质产能又借低空经济热给救活了。

避免过度内卷，民企可主动对接有优势的国企

谈及市场和企业层面，吴仁彪提出了"规范市场，避免过度内卷"的主张，这和今年政府工作报告提出的"健康发展"的要求是一致的。

以低空飞行器制造为例，据了解，目前我国登记在册的有 1000 多个无人机型号，30 多家公司研制了近 70 多款不同构型的 eVTOL 产品，还有更多型号即将研制。

对于上述现象，吴仁彪认为，目前是群雄逐鹿，将来一定是"多足鼎立"。"以飞行汽车和 eVTOL 为例，如果产品种类太多，都难以规模化生产盈利，运维和培训成本也高，这也是传统通用航空产业发展慢的原因之一。"

此外，南都记者关注到，国企民企都纷纷涌入低空经济赛道，去年，中国航空工业集团等 8 家央企还成立了低空经济创新联合体。

在低空经济发展中，国企如何担当作为？民企又该如何谋求发展？对此，吴仁彪表示，低空经济是新质生产力的典型代表，具有技术、人才、资金密集型的特点，需要韧性投资。除了少数具有生态主导力的低空经济产业链龙头企业，更多民企要甘当专精特新"小巨人"和制造业单项冠军，主动为龙头企业作配套服务。民企可主动对接具有研发、制造、测试、场景验证平台优势的国企，实现合作共赢。

支持智驾技术创新，为低空飞行保驾护航

在高质量发展低空经济的建议中，吴仁彪特别强调了安全的重要性。地方政府对安全监管要负主要责任，"只有管得住才能放得开"。吴仁彪建议各地尽快设立"空中交警"队伍，查处违规飞行的无人机，实现无人机常态化安全执法和检查。

如何为安全飞行提供可靠的服务保障？吴仁彪具体谈到，智慧飞行服务保障体系建设要充分应用 5G/6G、卫星通信/导航和人工智能等新技术，构建空天地一体化的通信、导航、监视、空域、气象服务保障体系。以上新技术在今年政府工作报告中被屡次提到，由于它们迭代更新快，国际上数字智慧飞行规则未定，要先试点出标准，再推广，一次规划，分步实施，防止重复建设和浪费。在商业化运营上，可以先有人后无人，先载货后载客，先隔离后融合，先远郊再城区。

此外，吴仁彪还谈到，我国在智驾汽车领域已经走在世界前列，亟需获得更多创新支持。他建议尽快修改《中华人民共和国道路交通安全法》等上位法，充分授权有条件的地方，结合本地资源禀赋，在更大范围、更多场景展开智驾汽车规模化试点应用。这也可以为低空经济安全有序发展提供借鉴，因为智驾汽车和低空飞行器关键技术都是新能源、5G 和人工智能，但低空飞行器安全保障更难一些。

"很难想象，如果公众不敢坐智驾汽车，会敢坐飞行汽车或 eVTOL 等低空飞行器吗？"吴仁彪说，"有人可能认为，空中可以自由飞，应该比地面安全。其实飞机在天上飞行也是有航路的，有一定的高度和宽度，但航路是不可见的，类似电子围栏形成的"。

"培养航空运动爱好者对于低空经济市场培育很重要，只有爱飞和会飞的人才会买飞机"，吴仁彪说，"建议借鉴机动车安全管理模式，对于财产损失小或伤亡人数少的低空飞行事故，媒体尽量少公开报道，以免给公众造成低空飞行恐惧心理，这对于市场培育也很重要。"

（原载于《南方都市报》，2025 年 3 月 6 日，记者为杨文君，后今日头条 App 转发）

5.6 吸取上一轮通用航空热的教训，推动低空经济安全健康发展

2025 年全国两会已拉开大幕，3 月 5 日，十一届至十三届全国政协委员、第十四届全国人大代表、中国民航大学副校长吴仁彪向记者表示，他今年仍将聚焦推进低空经济安全健康发展，进一步关注更具体的议题。

资料显示，吴仁彪曾主持国家首个通用航空领域重点项目"通用航空综合运行支持系统"，研究成果应邀参加国家"十二五"科技创新成就展，系中国航空运输协会通用航空分会原协调负责人，2008 年以来，他长期为通用航空和无人机的发展积极建言献策，两个建议得到国家领导的批示，一个提案被评为全国政协 2021 年度好提案。

2024 年，低空经济被首次写入政府工作报告，吴仁彪认为目前各地发展低空经济的热情空前高涨，但要防止"现在一哄而上，将来一哄而下，满地鸡毛"的现象发生。在他看来，发展低空经济要因时因地制宜，"条件好的地方可以先发展，不要全国各地一起'交学费'"，他进一步解释，所谓"条件好"是指有技术、有人才、有资金。

吴仁彪告诉记者，低空经济概念早在 2010 年就由中国民航大学科研团队提出，本身为通用航空产业的代名词，"所谓'通用'就是'大家都用'，通用航空本身就包括无人机和航空体育运动"。"低空经济"与

"通用航空产业"的关系就如同"银发经济"与"养老产业"的关系。

早在 2016 年，国务院办公厅就出台了《关于促进通用航空业发展的指导意见》，将通用航空产业作为战略性新兴产业来培育，计划到 2020 年年底产值达到 1 万亿元。各部委随后采取行动推进落实：中央空管委先后批准了 5 省开展低空空域协同管理改革试点；国家发展改革委先后批准设立了 26 个城市作为通用航空产业综合示范区试点；中国民航局把运输航空和通用航空"两翼齐飞"作为总体工作思路，先在 7 个地区开展了通用航空（无人机）专项试点工作，后又批准设立了 17 个民用无人驾驶航空试验区和 3 个试验基地。

但吴仁彪指出，截至 2023 年年底，通用航空产值才 5000 亿元，背后原因较为复杂，"缺乏顶层设计，各部门协同不够是主要原因"。2024 年年底，国家发展改革委成立了低空经济发展司，吴仁彪建议在此基础上，在国家层面成立更高级别的军民协商议事机构，尽快完成空域管理条例的立法和民用航空法的修订工作，"为低空经济发展提供法律保障，且要加强这两部法律之间的协同性"。

另外，针对上一轮通用航空热时期建设的通用航空或航空产业园，吴仁彪认为可以优先盘活其中部分优质存量资源，地方政府需严控引进国内已有技术优势的通用航空和无人机产品生产线，牢记"发展低空经济为了谁"的问题。

（原载于红星新闻网，2025 年 3 月 6 日，记者为周炜皓，后今日头条 App 转发）

5.7 低空经济如何突破瓶颈"翱翔"新蓝海？

在 2025 全国两会上，低空经济热度不减，成为备受瞩目的焦点议题。政府工作报告明确提出，开展新技术新产品新场景大规模应用示范行动，推动商业航天、低空经济、深海科技等新兴产业安全健康发展。这一表述，为低空经济发展注入"强心针"，也引发代表委员们的热议。

全国人大代表、中国民航大学副校长吴仁彪在接受《中国企业报》记者采访时指出，自 2024 年低空经济被首次写入政府工作报告后，各地发展热情高涨。但应清醒认识到，我国低空经济发展仍处于起步阶段，在发展过程中面临不少挑战。

吴仁彪表示，目前我国低空经济发展存在不少亟待解决的问题。低空空域管理方面，空域管理条例立法和民用航空法修订进程都需要加快，且要增强协同性，为低空经济高质量发展提供坚实的法律保障。市场规划上，要充分考虑我国综合交通全面发展对未来市场的影响。如今我国综合交通发展迅猛，总里程已经达 600 万千米，"八横八纵"铁路网逐步建成，高铁、高速公路不断延伸，在这种情况下，用低空交通补盲其他运输方式通达性的需求，除山区和海岛等特殊地区外相对较小。因此，发展低空经济必须科学规划，避免盲目跟风。在产业生态建设上，需要着力打造具有生态主导力的低空经济产业链龙头企业，培育专精特新"小巨人"和制造业单项冠军企业，完善产业链布局。

吴仁彪还提到，上一轮通用航空热的教训必须吸取。当时很多地方借通用航空热搞圈地运动，建设的通用航空或航空产业园不少处于闲置状态，或产业项目名不副实。现在发展低空经济，应优先盘活上一轮通用航空热的存量资源，但绝不能让僵尸企业和低质产能借低空经济热"复活"。

针对这些问题，吴仁彪给出了一系列具体建议。在国家层面，要进一步加强组织协调，在国家发展改革委成立低空经济发展司的基础上，成立更高级别的军民协商议事机构，协同推进低空经济发展战略的制定和实施，加强各部门间的沟通协作，形成发展合力。

技术创新是推动低空经济发展的关键。当前，电池和新能源技术、飞行控制技术、通信技术、人工智能技术等不断进步，为低空飞行器性能提升和应用拓展提供了支撑。例如，高能量密度电池的研发延长了飞行器的续航里程，先进的飞行控制算法提高了飞行器的稳定性和操控性。未来，还需持续加大研发投入，推动技术创新和迭代，满足低空经济多样化的应用需求。

在应用场景拓展方面，低空经济已在物流配送、旅游观光、应急救援等领域取得进展。物流配送方面，无人机配送在部分城市常态化运营，提升了配送效率，降低了物流成本；旅游观光方面，空中游览项目受游客欢迎，为旅游业开辟了新增长点；应急救援方面，无人机和直升机可快速抵达现场执行任务。但吴仁彪强调，尽管目前在社会保障领域无人机应用场景丰富，不过其市场规模拓展存在一定局限，想要进一步挖掘低空经济在更多领域的应用潜力，还需推动其与其他产业深度融合。发展低空经济，市场是根本，推动个人消费是关键。

吴仁彪还特别提到，发展低空经济要注重人才培养和安全管理。比如，可以与各地残联组织合作，培养腿部残疾但眼睛机灵、手操作灵活的残疾人担任无人机安全专员。这既能促进残疾人高质量就业，也能减轻社会对无人机应用可能导致失业的抵触情绪。同时，地方政府要多关注无人机安全管控问题，"只有管得住才能放得开"，建议各地尽快设立"空中交警"队伍，查处违规飞行的无人机，实现无人机常态化安全执法和检查。

展望未来，在政策支持、技术创新和市场需求的共同推动下，我国低空经济前景广阔。吴仁彪预测，2030 年低空经济产值达到 2 万亿元左右是比较靠谱的目标。但要实现这一目标，需要各方共同努力，抓住机遇、应对挑战，加强创新、协同发展。如果未来五年能够起好步，开好局，低空经济必将在新时代的蓝天下"展翅高飞"，成为推动我国社会发展的新引擎。

（原载于《中国企业报》，2025 年 3 月 18 日，记者为何芳，后人民日报新媒体平台和今日头条 App 转发）

5.8　关于推动京津无人机产业融合发展的建议

1. 低空经济发展迎来千载难逢的好机遇

2023 年 12 月召开的中央经济工作会议提出打造低空经济等若干战略性新兴产业。2024 年 2 月 23 日，习近平总书记主持召开了中央财经委员会第四次会议，会议强调，鼓励发展与平台经济、低空经济、无人驾驶等结合的物流新模式。今年以来，在中央和国家的大力推动下，低空经济已迅速成为各级地方政府高度关注的重要议题。深圳市在全国率先出台了《深圳经济特区低空经济产业促进条例》。据不完全统计，全国已有 26 个省（区、市）将低空经济有关内容写入政府工作报告。2024 年有望成为低空经济发展的元年，而无人机产业是低空经济的重要组成部分和发展引擎。

国家低空经济发展现状

（1）低空改革全面推进格局已形成。低空空域是国家的基础性战略资源，是低空经济的关键投入要素，极具经济、国防和社会价值。自 2020 年开始，中央陆续批准了海南、四川、湖南、江西、安徽五个省份进行低空空域协同管理改革试点，并于 2023 年 7 月在全国全面推广试点经验。2023 年 5 月，国务院、中央军委公布了《无人驾驶航空器飞行管理暂行条例》。2023 年 11 月—12 月，《中华人民共和国空域管理条例（征求意见稿）》和《国家空域基础分类方法》先后发布，为发展低空经济创造了良好的空域供给环境。

（2）低空经济发展的新里程已开启。2017 年，国家发展改革委批复建设首批 26 个国家级通用航空产业综合示范区。2021 年 2 月，发展低空经济被首次写入国家规划——《国家综合立体交通网规划纲要》，开启了低空经济发展的新里程。2022 年 12 月，中共中央、国务院印发《扩大内需战略规划纲要（2022—2035 年）》，强调"加快培育海岛、邮轮、低空、沙漠等旅游业态""释放通用航空消费潜力""积极推进支线机场和通用机场建设"。

（3）低空经济产业新格局正加速建成。在低空改革和经济政策的双重叠加下，低空经济发展迎来重大机遇期。截至 2023 年年底，全国共有无人机运营企业 1.98 万家，全国无人机生产厂家达到 2200 家，我国无人机产业的发展已经处于世界领先水平。

京津无人机产业发展现状

2020 年 10 月 21 日，中国民航局公布了全国 13 个民用无人驾驶航空试验基地（试验区），正式开展了我国民用无人驾驶航空试点工作。天津市滨海新区和北京市延庆区都是中国民航局批准的民用无人驾驶航空试验区。

天津市是国家航空航天新型工业化产业示范基地，拥有中航工业直升机、中国航天彩虹无人机、飞马无人机等一批通用航空器制造生产基地。中国民航大学拥有中国民航局飞联网重点实验室和天津市城市空中交通（UAM）重点实验室，并有工业和信息化部与中国民航局共建的适航审定中心。2022 年 6 月 2 日，国务院办公厅印发通报，对 2021 年落实有关重大政策措施真抓实干成效明显地方予以督查激励，滨海新区因通用航空产业发展成效显著获督查激励。

北京市在《2024 年市政府工作报告重点任务清单》中，明确列出"推进无人驾驶航空示范区建设"。《北京市"十四五"时期高精尖产业发展规划》中明确延庆无人机产业组团。延庆区会同北京市相关委办局编制起草的《北京市无人驾驶航空示范区建设方案》和《关于促进中关村延庆园无人机产业创新发展行动方案（2024—2026 年）》将在近期发布。

2. 目前存在的问题

我国北方无人机产业聚集不够，企业生产成本较高

目前我国南方地区无人机产业聚集逐渐显现，以西南地区（四川省）为主的大型无人机和以中南地区（深圳市）为主的微轻小型消费级无人机的产业逐渐聚集。而我国北方的无人机产业没有明显的聚集地区，企业在配件加工、人才支撑、物流运输等方面，成本和便利性不如在产业聚集地区，对我国北方无人机产业发展造成了影响。

北京适飞空域不能满足人民日益增长的飞行需求

按照《国家空域基础分类方法》，G 类和 W 类空域，分别对应真高 300 米和 120 米以下的部分空域，包括有人机和微轻小型无人机的飞行空域，也称"适飞空域"。北京作为首都，是全国的政治中心、文化中心，同时拥有双国际机场的布局，对于国防安全、公共安全、航空安全的要求需要达到最高标准，因此北京地区的适飞空域较少，不能满足飞行需求，尤其是无人机飞行活动。

3. 发展建议

2024 年 2 月，习近平总书记在春节前夕赴天津视察工作时提出：要围绕推动京津冀协同发展走深走实，深入推进区域一体化和京津同城化发展体制机制创新，唱好京津"双城记"，有效贯通区域创新链、产业链、供应链、资金链和人才链。为了落实习近平总书记重要指示精神，国家发展改革委在 2024 年国民经济和社会发展计划报告中在京津冀协同发展政策举措中明确指出"推动京津双城在交通、公共服务、社会治理、生态保护等方面加强合作，出台实施支持天津滨海新区高质量发展的政策文件"。

有以下三点建议。

（1）京津错位发展，资源互补，北京围绕研发设计，天津围绕制造测试应用。北京发挥科技创新和人才优势，天津发挥先进制造研发优势和"邻都""近海"的空间优势。天津市管辖着 153.67 千米海岸线，海域面积约 2146 平方千米，天津服务北京研发设计中需要的验证飞行，疏解北京空域资源压力。

（2）以京津两个民用无人驾驶航空试验区为双引擎，通过市场化机制，推动京津双城无人机产业融合发展。北京延庆区和天津滨海新区在中国民航局的指导下，已经初具产业规模，双城可以共同绘制无人机产业链图谱，作为京津冀目前共同绘制的航空航天产业链图谱的组成部分，推动北方地区的无人机产业聚集，促进上下游配套企业逐渐聚集。

（3）京津合作在滨海新区开展北方地区低空经济试点，完善发展制度，培育应用场景。

（全国人大建议，2024 年 3 月）

5.9 科学预测低空经济未来发展规模

新增通用航空企业 145 家、通用机场 26 个，新增实名登记无人机 110.3 万架……这些数字的背后折射出 2024 年我国低空经济蓬勃发展。去年低空经济被首次写入政府工作报告，一年来全国各地发展低空经济的热情空前高涨，重庆为"长江蔬菜岛"开通常态化无人机邮路，全程往返时间不到 45 分钟；浙江开通跨省低空载人航线，海宁人可在家门口坐直升机去上海浦东……

"目前各地发展低空经济的热情空前高涨，但要防止'现在一哄而上，将来一哄而下'的现象发生。"全国人大代表、中国民航大学副校长吴仁彪认为，"对于低空经济市场前景进行科学预测非常重要，这将决定我们采取的技术路线和战略实施步骤。"

去年以来，中国民航局遵循低空经济特点和规律，聚焦低空空中航行基础设施建设、低空航行服务保障体系建设等方面，研究制定具体措施，建成和联网 28 个低空飞行服务站，涉及 24 个省份；在全国建立"三区两网"管理架构，在海南自贸港实施全国首个全省域低空融合飞行试点。2024 年，全国无人机运营单位总数超 2 万家，累计完成无人机飞行 2666.7 万小时，同比增长 15.4%，通用航空和低空经济得到有序健康发展。

发展低空经济，对于促进经济发展、加强社会保障的作用十分明显。"无人机的民用将改变我们的生活和工作方式。"吴仁彪说，无人机在应急、消防、遥感监测等社会保障领域的应用场景，取决于人们的想象力。同时他也提出，把市场规模预测得过大，不利于政府和企业科学决策。

吴仁彪表示，过去十几年来，我国在综合交通运输领域投资巨大，是全世界唯一在铁路、公路、水路、民航、管道和地铁领域同时高速发展的国家，除了山区和海岛等特殊地区，用低空交通来补盲其他运输方式通达性的需求相对较小，且低空飞行器的安全保障难度比汽车要大得多。他认为，要充分考虑我国综合交通全面发展对于未来市场的影响，促进低空经济发展方面，市场是根本，个人消费是关键和难点，要科学预测低空经济的市场前景，2030 年产值达到 2 万亿元左右比较有可实现性。

（原载于《中国交通报》，2025 年 3 月 7 日，记者为陈思皓）

5.10　科学管理无人机　让低空安全有序

"最近，国产仪表着陆系统已取得民航临时使用许可证，标志着民航所有空管设备全部实现了国产化，为民航高质量发展提供了有力支撑。去年，中国民航大学在学科点增列方面取得突破，新增 2 个博士点和 4 个硕士点，为民航人才培养和相关学科建设注入了新的动力。"全国人大代表、中国民航大学副校长吴仁彪表示。

今年，已经是他连续第 18 年参加全国两会。"民航""教育"始终是他履职尽责的标签，更是他每一次建言献策的出发点。

"无人机技术正在不断发展和创新，它的应用领域也在不断拓展。随着技术的进一步成熟和应用场景的不断丰富，无人机为我们的生活带来了更多便利，但侵入机场净空的'黑飞'无人机会给航空安全带来严重隐患。"吴仁彪告诉记者，机场无人机的探测与反制技术是今年全国两会他重点关注的领域之一。

作为中国雷达界首位国家杰出青年科学基金获得者，吴仁彪长期致力于雷达信号处理和卫星导航干扰监测、定位与抑制工作，并出版了国内首本相关专著。他认为，机场电磁环境比一般应用场景更为复杂，民航对安全性和持续不间断工作的要求更高，许多无人机探测与反制技术未必适用于机场环境。机场使用无人机反制设备要严谨科学评估，因为无人机对于航空安全只是潜在威胁，但无人机反制设备的干扰是现实威胁。

"无人机探测与反制设备需要与现有的机场系统、流程、程序和技术协同工作，才能更好地发挥作用。"吴仁彪表示，无人机技术的迭代更新快，探测与反制技术的有效性要与时俱进进行评估和更新，才能够充分保障航空安全。

迄今为止，吴仁彪在全国两会上已围绕通用航空、无人机、低空经济等方面提交了 20 多个提案和建议。今年，他的目光再次投向了低空经济发展。

对吴仁彪来说，低空经济所涵盖的通用航空是他再熟悉不过的领域。2010—2014 年，吴仁彪主持完成了我国通用航空领域首个国家级重点项目"通用航空综合运行支持系统"，其研究成果应邀参加了国家"十二五"科技创新成就展。

"那时候，我呼吁立足国内培养飞行员、推广无人机和航空体育运动。"吴仁彪告诉记者，"现在，我倡导低空安全、有序、良性发展。"

2024 年、2025 年，低空经济连续两次被写入政府工作报告，各地发展低空经济的热情空前高涨。"要防止'现在一哄而上，将来一哄而下'的现象发生，发展低空经济要因时因地制宜，条件好的地方可以先发展，不要全国各地一起'交学费'。"吴仁彪建议。

优先盘活上一轮通用航空热的存量资源、充分考虑综合交通全面发展的影响、科学预测产业前景……一提到低空经济发展，吴仁彪思如泉涌，为本次大会写下了 12 条建议。他甚至构想过，在不远的未来，中国民航大学的东丽、宁河两个校区间将搭建起一条 eVTOL 航线，便利师生通勤。

（原载于《中国民航报》，2025 年 3 月 8 日，记者为张人尹）

5.11 低空经济"振翅" 万亿级产业起飞

值机、安检、登机……记者近日乘坐一架直升机，从江苏昆山城市航站楼起飞，约 25 分钟后落地上海浦东星野飞行基地，并通过约 25 分钟的地面接驳，将江苏昆山至上海浦东国际机场的通勤时间由原先的约 2 小时压缩至 1 小时内。

这是国内首条跨省定点低空载客运输航线。从 200 米低空俯瞰，周边的产业园、写字楼、居民区错落有致，在晨光中泛起点点金属光泽，恰似一块精密电路板。

沿途风景还没看够，目的地已近在眼前。直升机舱窗外展现的，除了长三角城市群的肌理，还有万亿级新兴产业振翅翱翔的美好图景。

3 月 5 日提请第十四届全国人民代表大会第三次会议审议的政府工作报告提出，开展新技术新产品新场景大规模应用示范行动，推动商业航天、低空经济、深海科技等新兴产业安全健康发展。

"蝶变"：绘就万亿市场新图景

作为战略性新兴产业，低空经济产业链条长，应用场景广。自去年被首次写进政府工作报告以来，低空经济破茧成蝶、迎风而上。

"中央层面，多项政策文件的出台，标志着顶层设计更加完善；地方层面，上海、深圳等地奋楫争先，加速布局新赛道。"全国政协委员、德勤中国董事会主席蒋颖说。

2024 年，工业和信息化部等四部门联合发布的《通用航空装备创新应用实施方案（2024—2030 年）》提出，到 2030 年通用航空装备形成万亿级市场规模。去年 3 月以来，众多省份将发展低空经济写入当地政府工作报告或出台相关政策。

应用场景也在加速拓展。上海浦东正与企业商讨枢纽型垂直起降场项目建设，谋划全面覆盖浦东至苏州、南通、无锡等周边城市的城际空中交通网络。还有许多地方积极探索了无人机送货、无人机播种、特色旅游飞行航线等，让低空经济"飞入寻常百姓家"。

赛迪顾问预测，我国低空经济规模有望在 2025 年跨越 8500 亿元大关，2026 年有望达到万亿元级别。伴随着规模增长，拥抱低空经济的企业也越来越多。eVTOL、无人机与新能源智能网联汽车产业链重叠度较高，一些车企也在积极研发飞行汽车。

"除了低空飞行器新势力，小鹏、吉利、广汽等车企也宣布入局。这背后是新能源汽车技术和供应链能力的一种外溢，且能将新能源汽车的成功经验复制到低空经济领域。"蒋颖说。

全国人大代表、广汽集团董事长冯兴亚说，将来出行一定是多元化、立体化的。飞行汽车和智驾汽车的有机结合，将对出行的生态进行重构。未来，广汽集团不仅是汽车制造商，更是智能移动服务商，其中就包括提供空中的、立体的移动出行方案。

"起飞"：从"能飞"到"智飞"

作为低空经济稳步"起飞"的基础，产业链关键技术也迎来突破，从"能飞"迈向"智飞"。

电池，飞行器长距离、安全飞行的"心脏"。一年来，好消息不断传来。

中国科学院大连化学物理研究所研发的高比能宽温域锂离子电池，将无人机续航时间提升 20%至 40%，电池模组能量密度达每千克 340 瓦时，可在零下 40 摄氏度至零上 60 摄氏度的宽温域环境中稳定工作。亿航智能完成 eVTOL 高能量固态电池飞行试验，并称 2025 年年底前有望实现固态电池在 EH216-S 型载人飞行器上的认证和装机量产。

空管系统，低空经济产业链有序发展的"大脑"。一年来，新技术不断融合。

5G 通信、人工智能与卫星互联网的深度融合，正推动低空航行管理系统向"智慧空管"转型。上海提出，分阶段、分区域逐步实现基于 5G-A 网络的低空智联网覆盖，到 2026 年年底初步建成低空飞行航线全域连续覆盖的低空通信网络；深圳低空智能融合基础设施建设（SILAS 系统）正式启动，具备在数字孪生场景中监视特定区域内目标飞行物的能力。

尤为关键的是空域管理改革深入推进，为低空经济"智飞"打开更大空间。"国家正在采取行动，特别是去年国家发展改革委低空经济发展司正式成立，未来与其他部门或地方政府的配合度将大幅提升。"全国人大代表、小鹏汽车董事长何小鹏表示，将继续呼吁加大关于空域管理领域的改革力度，以支持低空经济安全健康发展。

"随着电池能量密度进一步提高，续航里程进一步延长及无人驾驶、空中管理智能化水平进一步提升，低空经济的前途是非常光明的。"冯兴亚对布局低空经济充满信心，"我们第一步目标是瞄准 B 端，做一些出行服务，并以此为切入点，开展低空经济产业布局。我认为，5 年以后就会进入低空经济规模化发展阶段，10 年以后产业化发展进一步成熟。"

"升维"：让更多"铁蜻蜓"在空中翱翔

采访中，不少代表委员也提出，我国低空经济发展刚刚起步，仍面临很多挑战。

最显而易见的是，乘坐"飞的"出行仍属小众现象。"目前，eVTOL、直升机等载体的经济优势还不明显，每千米的飞行成本依然很高。"在蒋颖看来，国内外大部分整机生产制造企业还处于早期研发和试验试飞阶段，只有部分产品启动适航取证，全面进入商业化尚需较长时间。

这也涉及适航取证如何兼顾安全与效率。在全国人大代表、高德红外董事长黄立看来，新型航空器具有巨大的市场潜力，应在确保安全的前提下，不断提高适航审定能力和适航取证效率。黄立建议，一方面，优化适航审定审批流程，对于技术创新性强、市场需求紧迫且安全风险可控的新型航空器，设立专门的快速审定通道；另一方面，完善适航法规标准体系，针对以 eVTOL 为代表的新型航空器，制定具有针对性的设计、性能、安全等方面的适航通用标准。

另外，当前尚缺乏"现象级"的应用场景。从商业化场景来看，蒋颖预计，前期仍主要应用在观光旅游、医疗救援等场景，2030 年后才逐步开启城市空中交通的商业化尝试，包括空中出租车、城际通勤等。

完善的管理体系和产业布局也是关键。目前，各地的空中区域管理标准尚不统一，起飞、降落、充电等基础设施布局及相关运营维护服务明显不足。冯兴亚说，产业生态的形成及其在整个社会的布局，都需要加强谋划、政策优化。

全国人大代表、中国民航大学副校长吴仁彪建议，国家层面进一步加强组织协调，在国家发展改革委成立低空经济发展司的基础上，成立更高级别的军民协商议事机构，协同推进低空经济发展战略的制定和实施；尽快完成空域管理条例立法和民用航空法修订工作，为低空经济高质量发展提供法律保障；要充分考虑我国综合交通全面发展对于未来市场的影响；要着力打造若干家具有生态主导力的低空经济产业链龙头企业，培育一批专精特新"小巨人"和制造业单项冠军企业。

新兴产业的发展是一场马拉松。受访的代表委员们认为，以安全筑牢底线、以技术突破瓶颈、以场景激活需求……耐心会让当初的破题充满惊艳，实干会让今天的憧憬变为现实。我国顶层设计的不断完善、各地探索的不断创新、产业力量的不断汇聚，定能让越来越多的"铁蜻蜓"飞翔在城市上空，一个安全的、智能的、充满想象力的万亿级产业正蓄势待发。

（原载于新华网，2025 年 3 月 8 日，记者为乔翔）

5.12 政府工作报告再提低空经济 龙头企业和民航专家怎么看

3 月 5 日发布的政府工作报告提出，开展新技术新产品新场景大规模应用示范行动，推动商业航天、低空经济、深海科技等新兴产业安全健康发展。

自去年首次写入，"低空经济"今年在政府工作报告再被提及，这让低空经济从业者倍感振奋。

全国两会举行期间，南方财经全媒体集团全国两会报道组采访了多位低空经济领域的代表、委员。

亿航智能首席运营官王钊在接受南方财经全媒体集团全国两会报道组独家采访时表示，政府工作报告为低空经济的高质量成长提供了明确的政策导向、指导意见和路径方向，这将有利于加速推动以 eVTOL 为代表的新质生产力创新低空科技和产业生态的示范应用及商业运营，推动低空行业走向规范化、规模化、规则化发展，有助于将低空经济的价值真正落到实处。

安全筑基与应用示范

2023 年年底，中央经济工作会议正式将低空经济列为国家战略性新兴产业。而后在 2024 年全国两会，低空经济被首次写入政府工作报告，并被视为新质生产力的重要代表之一。

今年是政府工作报告连续第二年提及低空经济。去年，低空经济被列为新的经济增长引擎；今年，它作为新质生产力的重点产业，被进一步提出了"安全健康发展"的要求。

小鹏汇天创始人赵德力在接受 21 世纪经济报道记者采访时表示，这充分表明，国家将低空经济视为推动经济高质量发展的重要引擎。低空经济不仅是技术创新的前沿领域，更是产业升级和经济转型的重要方向。

他表示，今年特别强调"安全健康发展"，这也意味着国家在推动低空经济快速发展的同时，更加注重安全性和可持续性。这对企业提出了更高要求，小鹏汇天需要在技术、管理和运营等全方位构建安全保障体系。

"在小鹏汇天，'安全'始终是我们的第一要务。我们从产品设计、生产制造、试验验证、适航认证、驾驶员培训到实际应用的全流程，都严格贯彻安全优先的原则。"赵德力称。

安全是发展的前提，健康有序地发展则是促进行业不断提高安全保障的基础。

亿航智能首席运营官王钊认为，安全是低空经济发展的底线和红线，无论从航空器产品本身还是围绕飞行、运营生态的建设，安全都是第一位。亿航智能为商业化做好了一切围绕安全的保障措施。亿航智能将 IT 领域的"全备份"理念融合到无人驾驶载人航空器的设计当中。

飞行汽车产业正处于从技术验证向商业落地的关键跃迁期。

据了解，小鹏汇天飞行汽车智造基地计划在今年 10 月竣工投产，规划年产能 1 万台。飞行汽车"陆地航母"型号合格证申请已获受理，计划于 2026 年量产交付。

另外，据了解，亿航智能今年秉承"安全第一"的原则，以"低空+旅游"为切入口，大量布局城市空中交通运营点，助推低空经济重点城市样板打造，"以点连线、织网成面"，逐步扩大低空经济运营市场规模。

值得注意的是，今年的政府工作报告中也提出了开展新技术新产品新场景大规模应用示范行动。

"任何的新技术、新产品肯定都需要通过实际的应用示范来发挥其经济价值和社会价值，这也是新质生产力的最好的体现。"峰飞航空高级副总裁谢嘉在接受 21 世纪经济报道记者采访时表示。

去年，峰飞航空相继完成了深圳到珠海的跨海飞行，以及长三角的跨江飞行，充分验证了 eVTOL 在区域交通网络中的潜力。

"一方面，今年峰飞航空继续峰飞大型 5 座中长程载人 eVTOL 的适航取证；另一方面，针对已经获取适航证的 2 吨级大型载物 eVTOL，我们会积极落地常态化应用示范路线和场景，完成空中物流在特定场景中的商业闭环验证，为下一步规模化推广做好准备。"谢嘉透露今年公司的发展动向。

专家建言低空经济发展

在低空经济即将迈入大众消费的重要阶段，行业亟需一整套科学、完善、严谨、安全的 eVTOL 运行制度。

王钶谈到，低空经济对于激活立体空间资源、打造经济增长新引擎具有重要意义。作为新兴产业，低空经济专业性强、商业模式复杂、涉及面广，在应用场景、合作模式、技术协同等多方面需要政府、监管机构、企业、行业协会等层面加强探讨和深度联合，共同攻坚核心难点。亿航智能正在与相关政府部门、监管机构、高校院所、行业协会等共同推动相关法规的建立健全。

在今年的两会中，多位委员针对低空经济的发展给出了自己的建议。

全国人大代表、小鹏汽车董事长兼 CEO 何小鹏提交了《关于加快构建 eVTOL 航空器驾驶员资质认证管理体系的建议》，具体包括以下内容：建立新型 eVTOL 驾驶员分类分级认证体系；制定传统航空器飞行员转成新型 eVTOL 驾驶员的培训要求；完善新型 eVTOL 模拟机、训练器的鉴定标准。

何小鹏建议，中国民航局在这些方面补充完善现有驾驶员管理相关的规章和程序，为 eVTOL 的安全、顺利运行做好充分准备。

近年来，低空经济发展明显提速，各地发展低空经济的热情空前高涨。

赛迪研究院发布的《中国低空经济发展研究报告（2024）》显示，2023 年中国低空经济规模达 5059.5 亿元，增速达 33.8%。预计到 2026 年，低空经济规模有望突破万亿元。因此，低空经济相关监管体系的健全也尤为重要。

全国人大代表、中国民航大学副校长吴仁彪在接受 21 世纪经济报道记者采访时谈到，发展低空经济要因时因地制宜，条件好的地方可以先发展，不要全国各地一起"交学费"。"条件好"是指有技术、有人才、有资金。

吴仁彪表示，很多地方借上一轮通用航空热，建了不少通用航空或航空产业园，盲目引进了一些通用航空生产线。建议优先盘活上一轮通用航空热的存量资源。

此外，对于低空经济市场前景进行科学预测非常重要，它将决定我们采取的技术路线和战略实施步骤。

他认为，到 2030 年，低空经济产值到 2 万亿元左右可能"比较靠谱"。

（原载于《21 世纪经济报道》，2025 年 3 月 8 日，记者为林典驰）

5.13 本章小结

本章介绍了著者对于未来低空经济发展的一些思考和建议，因时因地制宜和"飞得起，管得住，可持续"是著者的主要观点，希望对我国低空经济安全健康发展起到一定的作用，感谢很多央媒 2025 年全国两会期间对著者的关注和报道。

延伸阅读资料

① 吴仁彪. 对我国低空经济发展的若干思考. 大会报告（2024 中国国际通用航空和无人机发展大会，北京），2024 年 4 月 26 日.

② 吴仁彪. 我国低空经济发展的思考与建议. 大会报告（2024 长三角低空经济先进复合材料绿色产业行活动，苏州）， 2024 年 7 月 11 日.

③ 吴仁彪. 我国低空经济发展的思考与建议. 大会报告（"计算通信控制科学融合"第十一届国际学术研讨会，泰安），2024 年 9 月 20 日.

④ 吴仁彪. 我国低空经济发展的思考与建议. 大会报告（天津市电子学会"电波智汇　信息未来"学术报告会，天津），2024 年 9 月 25 日.

⑤ 吴仁彪. 智慧通用航空发展和创新人才培养的若干思考. 大会特邀报告（第二届 CATA 航空大会智慧民航分论坛，北京），2024 年 10 月 25 日.

⑥ 吴仁彪. 我国低空经济发展的思考与建议. 大会报告（中国城市商业网点建设管理联合会七届八次理事会，武汉），2024 年 12 月 27 日.

⑦ 吴仁彪. 安全健康发展低空经济新质生产力. 大会特邀报告（2025 中关村论坛年会留学人员创新创业论坛，北京），2025 年 3 月 30 日.

⑧ 吴仁彪. 低空经济给运输航空安全带来的挑战. 大会报告（第四届北京航空安全国际论坛，北京），2025 年 6 月 6 日.

⑨ 吴仁彪. 低空经济的过去、现在和未来. 大会特邀报告（第一届交通科技与产业创

新发展大会低空基础设施与产业生态创新发展论坛，苏州），2025 年 6 月 13 日．

⑩ 吴仁彪．人工智能赋能低空经济的发展．大会报告（第一届 CSIG 人工智能前沿技术与产业应用论坛，廊坊），2025 年 6 月 28 日．

⑪ 两会专访｜吴仁彪：发展低空经济要因时因地制宜．采访报道（中国民航报），2024 年 3 月 7 日．

⑫ 两会专访｜吴仁彪：发展低空经济要因时因地制宜．采访报道（澎湃新闻），2024 年 3 月 7 日．

⑬ 郑智维．无人机产业唱好京津"双城记"．采访报道（民生周刊），2024 年 3 月 11 日．

⑭ 吴仁彪．关于推动京津无人机产业融合发展的建议．报告，2024 年．

⑮ 耿堃．京津协同发展低空经济．采访报道（天津日报），2024 年 3 月 7 日．

⑯ 京津协同发展低空经济．采访报道（新浪财经），2024 年 3 月 12 日．

⑰ 两会话民航｜代表委员热议低空经济．采访报道（民航发展网），2024 年 3 月 8 日．

⑱ 吴婷婷．2024 年能否成为低空经济发展元年？全国两会代表、委员热议．采访报道（新京报），2024 年 3 月 5 日．

⑲ 华凌．让自动驾驶为飞行汽车发展积累经验．采访报道（中国科技网），2025 年 3 月 4 日．

⑳ 张佳丽．安全有序高质量发展低空经济．采访报道（人民邮电报），2025 年 3 月 6 日．

㉑ 安全有序高质量发展低空经济．采访报道（新华社客户端），2025 年 3 月 6 日．

㉒ 周炜皓．发展低空经济，条件好的地方可先发展，不要各地一起交学费．采访报道（红星新闻网），2025 年 3 月 6 日．

㉓ 杨文君．低空经济赛道要避免过度内卷．采访报道（南方都市报），2025 年 3 月 7 日．

㉔ 李苑．助推低空经济发展．采访报道（光明日报），2025 年 3 月 7 日．

㉕ 助推低空经济发展．采访报道（人民网），2025 年 3 月 7 日．

㉖ 助推低空经济发展．采访报道（科学网），2025 年 3 月 7 日．

㉗ 陈思皓．科学预测低空经济未来发展规模．采访报道（中国交通报），2025 年 3 月 7 日．

㉘ 低空经济访谈．采访报道（央视新闻视频号），2025 年 3 月 7 日．

㉙ 王明峰，魏哲哲，张璁，等．两会好声音．采访报道（人民日报），2025 年 3 月 8 日．

㉚ 张人尹．科学管理无人机　让低空安全有序．采访报道（中国民航报），2025 年 3 月 8 日．

㉛ 乔翔．低空经济"振翅"万亿级产业起飞．采访报道（新华网），2025 年 3 月 8 日．

㉜ 林典驰．政府工作报告再提低空经济　龙头企业和民航专家怎么看．采访报道（21 世

纪经济报道），2025 年 3 月 8 日.

㉝ 何芳. 低空经济如何突破瓶颈 "翱翔" 新蓝海. 采访报道（中国企业报），2025 年
3 月 18 日.

㉞ 李杨. 发展低空经济要 "飞得起，管得住，可持续". 采访报道（天津日报），
2025 年 3 月 10 日.

㉟ 发展低空经济要 "飞得起，管得住，可持续". 采访报道（学习强国），2025 年 3 月
10 日.

㊱ 要深入推进战略性新兴产业融合集群发展. 采访报道（人民日报），2025 年 3 月 10 日.

㊲ 发展低空经济要因地制宜. 采访报道（人民网），2025 年 3 月 10 日.

㊳ 胡定坤. 发展低空经济要因地制宜. 采访报道（科技日报），2025 年 3 月 10 日.

㊴ 两会热议：低空经济如何突破瓶颈 "翱翔" 新蓝海. 采访报道（人民日报客户端），
2025 年 3 月 10 日.

㊵ 王云杉，刘晓宇，沈靖然. 未来交通 充满想象. 采访报道（人民日报），2025 年
3 月 10 日.

㊶ 发展低空经济要因地制宜. 采访报道（光明网），2025 年 3 月 13 日.

㊷ 扩大自动驾驶试点 设立 "空中交警" 队伍. 采访报道（光明网），2025 年 3 月 13 日.

㊸ 发展 "低空经济"，一哄而上要不得. 采访报道（人民网），2025 年 3 月 25 日.

CHAPTER 6
第6章

通用航空综合运行支持系统

6.1 引言

2010—2014 年，著者带领中国民航大学科研团队承担了国家层面立项的首个通用航空领域重点项目"通用航空综合运行支持系统"。当时，很多问题还处于未知或初期探索阶段：通用航空运行的概念是什么？我国 ADS-B 到底是用 UAT 还是 1090ES 通信链？飞行服务保障系统应该怎么构建？合作与非合作目标混在一起该如何有效探测？本章回顾了十年前著者科研团队在我国通用航空发展方面做的初步探索，它对于未来低空智联网的建设也具有重要参考价值，尤其是非合作目标的探测。

6.2 背景和意义

我国空域管理的变革，至今已经经历二十余年的时间，可将低空空域管理改革历程分为筹划论证、集中试点、综合试点三个阶段。2010 年之前为低空空域管理改革筹划论证阶段。低空空域管理改革于 2000 年被首次列入国家空管年度工作计划，明确了低空空域管理改革的总体设想和主要任务，随后在空军组织下进行了小范围试点工作。2009 年 10 月，国家空管委主办了全国低空空域管理改革研讨会，明确提出通过 5 年至 10 年的全面建设和深化改革，在低空空域管理领域建立科学的空管理论体系、法规标准体系、运行管理体系和服务保障体系，充分开发利用低空空域资源，推动通用航空事业和航空制造业的发展。研讨会也明确了"适时有序开放低空飞行空域"的总体要求，奠定了低空空域开放的理论基础。在 2010 年前后，低空空域管理改革进入集中试点阶段。针对通用航空发展过程中存在的问题，国务院、中央军委发布了一系列文件，大力推动通用航空的发展。国务院、中央军委十分重视通用航空事业的发展，并指示"加快推进、分步骤实施 3000 米以下低空空域开放，划分自由而有序的低空飞行区域，充分利用空中资源，促进空中管理手段、能力与水平的提升和通用航空产业的快速发展，使之成为国民经济新增长点"。针对发展通用航空产业对低空空域开放的迫切需求，时任国务院副总理张德江做出了"三个有利于"的重要指示，即"开放低空空域，有利于促进通用航空发展，有利于促进通用航空制造业发展，有利于促进综合交通运输体系的建设"。2010 年 10 月 14 日，国务院、中央军委下发了旨在推进通用航空产业发展的《低空空域管理改革指导意见》，文件提出了深化低空空域管理改革的指导思想及实施步骤，还对低空空域进行了分类划设，并提出了后续 5 到 10 年低空空域管理改革的目标。文件特别明确，要深化沈阳、广州飞行管制区试点，并在 2011 年在全国推广改革试点。

在国家大力推动通用航空发展改革试点的背景下，2011 年，科技部批复了国家层面首个通用航空科研项目，由中国民航大学牵头，联合深圳大学、西安天和防务技术股份有限公司、中国民航东北地区空中交通管理局、四川九洲电器集团有限责任公司及中航通用飞机有限责任公司，涉及"管、产、学、研、用"的六家单位承担了国家科技支撑计划重大项目"中国民航协同空管技术综合应用示范"中的"通用航空综合运行支持系统"课题。

课题研究目标是，针对低空空域开放对各类通用航空器可靠监视的迫切需求，研究低空空域航空目标监视技术，开发具有自主知识产权、符合中国国情的通用航空综合运行支持系统，在低空试点飞行区域开展示范验证，以提高通用航空飞行的安全性和高效性。

中国民航大学带领合作单位经过四年的艰苦攻关，针对我国低空空域开放的要求及通用航空飞行的特点，提出了适合我国通用航空发展的通用航空运行概念；设计了基于分布式架构的通用航空飞行服务保障体系，如图 6-1 所示；突破了绿色低辐射高可靠性低空监视雷达、雷达/光电/ADS-B一体化探测监视等关键技术；研发了基本型、增强型和应急型三种不同类型的飞行服务综合运行支持系统，系统采用"中心服务站+地面网络+远端站"的网络架构，远端站采用由低空监视雷达/红外一体化的监视设备和UAT/1090ES 一体化的 ADS-B 设备组成的多源监视系统，可以根据不同应用场景灵活选配；利用不同探测源对通用航空器监视的优势，形成优势互补，实现了对合作与非合作通用航空器稳定、可靠的监视和跟踪；对监视、告警、飞行计划、气象、飞行情报信息进行了综合，以形成统一的通用航空空域动态信息，与空管自动化系统协同，实现对通用航空器的指挥协调；创新性地解决了通用航空发展和低空空域开放带来的对通用航空器可靠监视、国土防空、城市要地安防等方面的技术需求，能够实现对低空飞行目标"看得见，联得上，管得着"的目标。

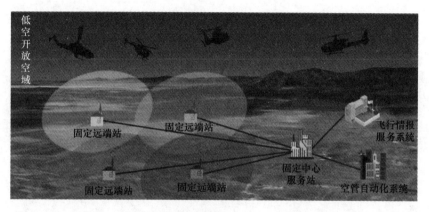

图 6-1　基于分布式架构的通用航空飞行服务保障体系

6.3　总体技术方案

针对通用航空器"低""小""慢"的飞行特点、通用航空飞行服务保障中存在"看不见""联不上""管不住"的难题，通用航空综合运行支持系统实现对低空合作与非合作目标的监视及服务功能，实现广域范围内甚高频地空话音通信覆盖，为管制及情报服务提供话音通信保障。系统参考原国家空管委与中国民航局关于通用航空飞行服务站系统建设管理的技术要求，提出了基于分布式远端站+通信网络+中心服务站的通用航空飞行服务站体系架构，如图 6-2 所示。

通用航空飞行服务站由分布式远端站、通信网络、中心服务站三个部分组成。远端站为网络的远端节点，中心服务站为网络的中心节点。每个远端站负责某个区域内的低空通用航空器的监视与通信保障。通过组网，多个远端站的信息在中心服务站综合，形成对较大区域内的低空通用航空器的监视与通信服务保障。系统采用星形网络结构，利用地面通信链路连接起来。

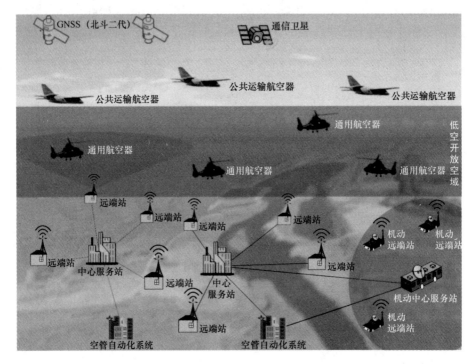

图6-2　基于分布式远端站+通信网络+中心服务站的通用航空飞行服务站体系架构

　　远端站以分布式方式部署在通用航空飞行服务保障区域内，主要完成通用航空器目标信息获取、通用航空器航迹数据融合、通用航空器光电视频信息获取、地空甚高频话音中继通信、远端站与中心服务站话音及数据接入等功能。此外，远端站还增加了机动功能、无线数据链路及独立供电的能力，以便在固定站出现故障及灾害的情况下，机动站可以直接进行应急补充。

　　中心服务站负责通用航空飞行计划受理、飞行计划评估、飞行计划处理、通用航空器航迹信息显示、航行情报处理与显示、航空气象信息获取与显示、通用航空器航迹信息融合处理与显示、通用航空器搜索救援等功能。为适应通用航空飞行服务保障区域划设方式的多样性，远端站与中心服务站采用地面专有线路或卫星通信链路连接在一起。

6.3.1　远端站

远端站是通用航空综合运行支持系统的感知站与联络站，其核心设备是通用航空多源监视系统，主要任务是实现对低空空域中合作与非合作目标的有效监视。

远端站由一体化雷达/光电监视设备、一体化 ADS-B 设备、抗干扰甚高频话音通信系统、多源数据融合设备、综合显控终端、视频记录设备、远端站授时设备、远端站综合接入设备、远端站机动平台、双局域网等组成（参考图 6-3）。其中，一体化雷达/光电监视设备负责通用航空低空目标的探测、航空器航迹生成、低空目标光电信息的获取与处理功能；一体化 ADS-B 设备负责通用航空器 1090ES 及 UAT 数据链报文接收、报文解析、航迹生成、航迹信息分发等功能；抗干扰甚高频话音通信系统负责通用航空器驾驶员与地面设备间的话音通信功能；多源数据融合设备负责雷达航迹及 ADS-B 航迹的融合处理、处理后航迹的分发功能；综合显控终端负责完成雷达与光电设备获取信息的显示功能，同时该设备负责远端站各组成设备的状态监控信息的获取、显示与分发功能；视频记录设备负责记录光电设备获取的视频数据信息并发送给中心服务站的相关终端显示；远端站授时设备负责为远端站提供精确的时间信息；远端站综合接入设备负责远端站与中心服务站间话音和数据综合接入功能；远端站机动平台负责完成远端站设备的承载、供电、运输等其他方面的功能。

6.3.2　中心服务站

中心服务站是为通用航空运行专业服务人员与管理人员提供陆空通信、空域监视、数据共享、多源汇接及应急救援等操作而建立的。中心服务站是通用航空飞行服务站的核心，具有以下功能。

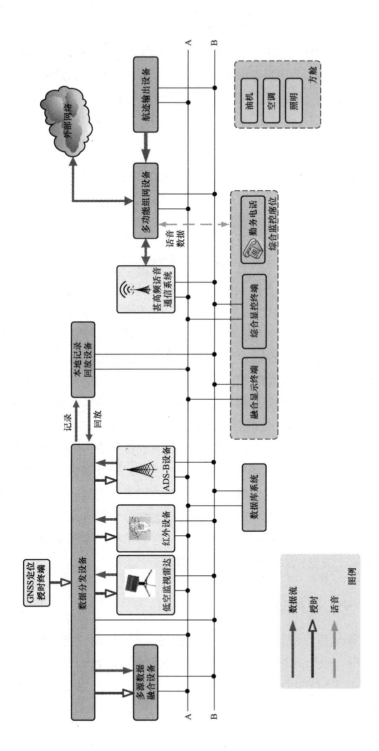

图 6-3 远端站结构示意

陆空通信：通过地空通信系统、民航话音通信系统（简称内话系统）完成通用航空飞行服务人员与通用航空器飞行员之间的地空话音通信，主要用于不同空域（管制空域、监视空域和报告空域）内通用航空器的服务请求与监视管制语音信息交互。

空域监视：通过远端站及其他相关监视系统共同完成空域内航空器的飞行航迹动态显示，用于飞行服务人员对规定空域内的航空器运行状态进行监视。

数据共享：通过 TCP/IP 双冗余网络系统实现多源监视信息的实时传输、协议转换、数据预处理、多源航迹融合、图形生成及显示等主要功能，主要用于满足飞行服务人员进行航空器运行状态监视时的数据需求。

多源汇接：通过多功能组网接入系统实现话音数据、多源监视数据、航行情报与气象数据和设备监控数据等的汇接，满足中心服务站对空服务与监视的需要。

应急救援：通过卫星通信等地空通信系统、高动态数据通信及应急组网功能完成空域内所需的应急救援。

中心服务站由多源航迹融合设备、飞行计划处理设备、目标冲突预测设备、中心站综合监控席位、多功能组网设备、管制席位等组成（见图 6-4）。多源航迹融合设备和飞行计划处理设备是固定中心服务站的核心单元，其主要完成多源监视航迹数据综合处理与飞行计划数据相关处理等任务；目标冲突预测设备预测潜在的飞行冲突，避免地形地貌和地表障碍对航空器的威胁；多功能组网设备是固定中心服务站与地面通信系统的接口，通过该设备实现固定中心服务站与远端站、其他中心服务站及空管自动化系统的连接。

6.3.3　通信组网方案

通信子系统是通用航空综合信息管理系统的基础设施，是实现低空空域开放、解决通用航空管理服务"连得上、管得着"的基本保障，该系统用于组建通用航空管理服务网络，提供分布式远端站与中心服务站之间的通

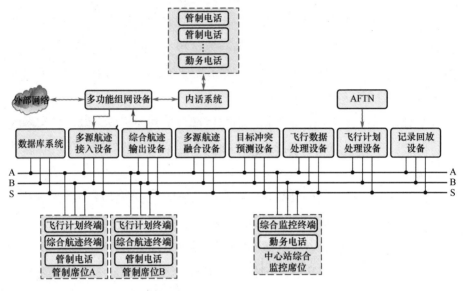

图 6-4　中心服务站结构示意

信功能，提供通用航空器飞行员与地面管制服务人员的地空话音通信功能。

1. 甚高频话音通信组网方案

甚高频话音通信是通用航空飞行提供飞行服务的主要技术手段。为实现三类空域内通用航空器的话音通信，通信子系统采用基于蜂窝结构的甚高频话音通信组网方案，每个远端站均安装了甚高频话音通信系统，其负责远端站甚高频通信覆盖区域范围内的地空话音通信服务，单个远端站构成一个甚高频蜂窝系统。为解决甚高频频率资源匮乏的问题，同时避免蜂窝通信系统常见的共信道干扰，蜂窝系统以区群为基本单位进行频率重用，若干个蜂窝组成区群，区群内各个蜂窝使用不同的工作频率，不同区群使用相同的工作频率。在蜂窝系统中，每个基站设置两类工作频率：主用频率和应急频率。应急频率由单个固定频率构成，且蜂窝系统所有远端站使用相同的应急频率；主用频率由多个频率构成，用于通用航空器飞行员与中心服务站服务人员间的正常话音通信。

正常情况下，通用航空器飞行员通过航图获知特定通用航空飞行服务

区内的话音通信主用频率，并使用该频率通过远端站与中心服务站的服务
人员进行话音通信；当在紧急情况，或者飞行员不知道通用航空飞行服务
区的工作频率时，飞行员可直接使用应急频率，通过任意远端站与中心服
务站的服务人员进行联系，以确保通用航空器的安全。

2. 分布式远端站与中心服务站通信组网方案

分布式远端站与中心服务站通信组网方案用于解决分布式远端站与中
心服务站的话音和数据通信服务问题。为实现分布式远端站与中心服务站间
高效、可靠的话音通信及高速的数据传输，分布式远端站与中心服务站通信
系统采用星形网络结构，分布式远端站为通信网络的远端节点，中心服务站
为网络中心节点，星形网络的构建可通过租用专用地面数据链路来实现。

在分布式远端站与中心服务站通信组网方案中，远端站获取的航空器
监视信息通过远端站多源数据融合设备处理后形成多源融合航迹数据。多
源融合航迹数据与甚高频话音数据被同时送入远端站综合接入设备，经过
专用地面网络传输到中心服务站综合接入设备。中心服务站综合接入设备
将话音信号发送到中心服务站内话系统并输出，同时远端站航迹数据通过
数据前端设备处理后分发至中心服务站多源数据融合设备。在中心服务站
和远端站的话音与数据传输中，中心服务站的话音和数据信息通过综合接
入设备送入地面专用网络并发送到远端站，然后通过远端站综合接入设备
分别分发至远端站甚高频话音通信系统及远端站其他相关设备。

6.4　关键技术突破

1. 通用航空运行概念

针对发展通用航空产业对低空空域开放的迫切需求，课题组提出了适合
我国通用航空发展的通用航空运行概念，以飞行为主线，将通用航空运行过
程分为飞行预先准备阶段、飞行直接准备阶段、飞行实施阶段、飞行后管理
阶段（见图 6-5），设计了通用航空运行全过程的管理与服务体系。

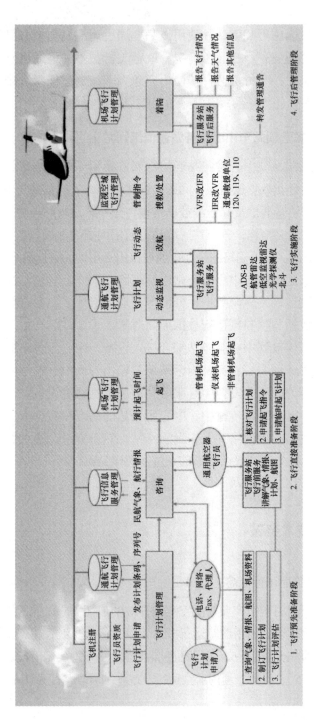

图 6-5　通用航空运行概念

2. 通用航空综合运行支持系统框架

通用航空综合运行支持系统在 2010 年前在我国是一个新生事物，课题组创造性地提出了符合我国国情的通用航空综合运行支持系统框架（见图 6-6），设计了基于分布式架构的通用航空飞行服务保障体系架构。通用航空综合运行支持系统包括低空监视与通信、多源航迹融合、飞行数据处理、飞行运行支持、飞行情报和航空气象等核心功能模块。

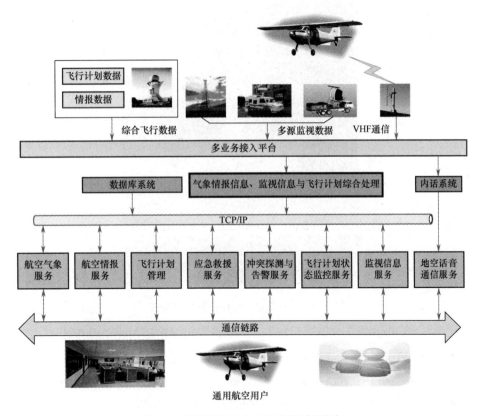

图 6-6　通用航空综合运行支持系统框架

3. 雷达/光电/ADS-B 多模态一体化探测监视技术

针对通用航空对低空航空器高可靠性监视的需求，课题组研制了雷达/光电/ADS-B 多模态一体化探测监视系统（见图 6-7），以实现通用航空器位置的探测与目标属性的识别，提高对通用航空器监视的可靠性。所研制的一体化系统可对合作目标、非合作目标等进行有效、可靠的监视。其创新点如下。

图 6-7　多模态一体化探测监视系统

（1）雷达/光电一体化结构设计。将低空监视雷达与光电监视设备在结构上设计成共轴同平台，雷达发射天线在上，光电自动跟踪仪居中，雷达圆柱面接收天线在下，三部分共轴安装为一体。光电监视设备既能在雷达的引导下跟踪目标，又能独自完成对目标的自动/手动跟踪。

（2）基于监视–引导–跟踪–识别的数据处理技术。雷达/光电一体化探测监视系统与 ADS-B 地面站、多源数据融合设备组合在一起，可完成对合作目标、非合作目标的监视、引导、跟踪和取证识别。其中，通过低空监视雷达、ADS-B 地面站获得目标的位置信息，用于引导光电监视设备对目标进行跟踪，从而得到目标的视频图像。

4．多源、多模态异构的合作与非合作目标多源数据融合技术

通用航空器种类繁多、性能各异、飞行高度低、机动性差异大、受低空气象环境影响大，使得通用航空目标监视困难，跟踪精度低。针对以上问题，课题组提出了概率假设密度滤波目标跟踪算法、自适应粒子滤波非合作目标跟踪算法等，并设计实现了多源数据融合系统（见图 6-8）。该系统对远端站低空监视雷达、光电监视和 ADS-B 等设备的观测数据进行实时有效的处理，提高了通用航空目标的监视精度，为通用航空飞行服务保障提供了有力的支撑。其创新点主要体现在以下方面。

（1）支持多种传感器。多源数据融合系统支持低空监视雷达、光电监视设备、ADS-B 设备等多种不同类型的传感器。

（2）多模态、异构目标监视能力。针对多模态异构目标（目标数据坐标系不同、数据率不同、精度不同、维数不同），通过多源数据融合算法实现了异构目标的连续可靠监视。

（3）合作与非合作目标监视能力。对合作目标，多源数据融合系统直接进行航迹滤波与更新；对非合作目标，多源数据融合系统引导低空监视雷达和光电监视设备进行联合跟踪，最后实现监视数据的融合，从而实现合作与非合作目标的联合监视。

图 6-8　通用航空多源数据融合系统

5．绿色低辐射、高可靠性低空监视雷达

针对通用航空飞行服务保障对低空非合作目标可靠监视的需求，同时为避免低空监视雷达长时间工作对周边居民造成电磁辐射伤害，课题组采

用了绿色低辐射、高可靠性雷达设计技术，所设计的雷达系统可满足通用航空低空监视雷达对终端区、低空空域、城市上空、边海防等重点区域长时间可靠监视的需求。其创新点主要体现在以下方面。

（1）绿色低辐射雷达设计技术。采用了圆阵连续波工作体制，发射功率均匀分布在八面微带天线上，雷达微波辐射功率平均值小于 $42\mu W/cm^2$。

（2）关键区域重点目标的密集监视技术。在雷达扇扫模式下，雷达可对指定区域内的重点目标进行密集监视，以满足通用航空关键区域重点目标的可靠监视需求。

（3）高可靠性雷达设计技术。采用了电扫、关键单元热备份、重要单元自动切换、综合故障诊断、简化维修等一系列高可靠性设计技术。

6. 基于盲自适应信号处理的抗干扰甚高频话音通信技术

通用航空器高度低，甚高频通信电波传播环境复杂，经常遇到高强度无线电干扰，造成地空话音通信不畅，无法有效保障通用航空飞行服务。针对以上技术难题，课题组提出了四种盲自适应干扰抑制算法，研制了具有抗干扰功能的甚高频话音通信系统（见图 6-9）。该系统可有效抑制恒模和任意形式的无线电干扰，提高了通用航空甚高频地空话音通信的质量，为通用航空和运输航空飞行服务提供了有力保障。其创新点体现在以下方面。

图 6-9　具有抗干扰功能的 HHKJ2000 甚高频话音通信系统

（1）通用性强。系统采用了软件无线电架构，集成了四种干扰抑制算法，可根据无线电干扰的类型，灵活选用抗干扰算法，有效抑制了各种类型的无线电干扰。

（2）具有良好的适应性。系统采用了盲自适应信号处理方法，该方法无须事先知道信道传输特性、阵列流形和干扰来向信息等。

7. 应急救援支持技术

根据应急救援和灾变条件下的通用航空保障需求，课题组提出了车载机动通用航空综合支持系统的解决方案，研制了车载多源监视系统、车载综合飞行服务系统和具备异地灾变备份功能的高压缩率卫星链路灾备路由设备，满足了应急救灾、系统备份的灾变备份需求。通用航空应急救援支持系统如图 6-10 所示。

图 6-10 通用航空应急救援支持系统

8. ADS-B 抗欺骗技术

针对 ADS-B 欺骗抑制难题，课题组提出了基于 ADS-B 与雷达、光电融合处理识别真假目标的技术，以及基于小阵列的、自主的干扰与欺骗联合抑制技术。其创新性主要体现在以下方面。

（1）针对恶意发射的 ADS-B 欺骗信号，利用增强型飞行服务站中雷达及光电设备对 ADS-B 的目标信息进行融合处理，可识别真假目标。

（2）基于小阵列的抗干扰方法具有以下优势：无须其他辅助设备和联网，完全自主式、成本低，能够同时抑制干扰和欺骗。小阵列天线抗干扰波束图及实物图如图 6-11 所示。

9. 通用航空飞行计划 2D/3D 一体化评估方法

为提高通用航空飞行的安全性与飞行计划制订的合理性，课题组提出

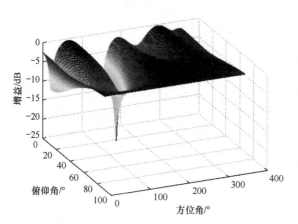

图6-11　小阵列天线抗干扰波束图及实物图

了 2D/3D 一体化的通用航空飞行计划评估方法，解决了通用航空低空飞行计划可实施性的定量评估问题。该方法除了评估禁飞区、飞行员资质等因素的影响，还特别针对对通用航空飞行影响较大的地面地形、飞机配载、燃油、起飞越障、机场及航线周边气象条件等因素进行了综合评估，其创新性主要体现在以下方面。

（1）针对通用航空器性能差异大、飞行高度低、飞行高度多变、地形起伏对飞行安全威胁更大的特点，提出了反映飞行与地形关系、飞行高度多变的低空飞行剖面计算方法，进行低空飞行剖面综合评估。

（2）针对通用航空小型飞机载重轻，对人员、货物、燃油等配载敏感的特点，提出了基于飞机性能工程的通用航空飞行计划安全性评估。

（3）针对通用航空飞行与地面地理信息关系密切的特点，利用 2D/3D 一体化地理信息平台，实现了通用航空飞行计划的飞行全过程航迹 3D 可视化评估和模拟飞行评估。

10. 通用航空 3D 辅助应急救援技术

针对通用航空器事故发生频繁，辅助搜救任务繁重的问题，课题组提出了通用航空 3D 辅助应急救援技术。该技术基于 3D 地理信息平台，可实现通用航空失事航空器搜救区域预测，显著提高了通用航空应急救援能力。通用航空器具有轻便灵活的特征，飞行轨迹相对自由，对失事航空器的坠落区域预测与确定是应急救援方案制定的关键。通用航空 3D 辅助应急救援技术根据失事航空器相关监视信息，有效预测失事基准点和可能的坠落区域，根据历史监视信息和失事点预测，进行事故重演，为事故分析提供技术支撑。

与传统搜索救援技术相比，课题组提出的通用航空 3D 辅助应急救援技术具有以下特点。

（1）失事航空器坠落区域预测快速、准确。

（2）应急救援方案制定便捷。

（3）支持失事航空器飞行航迹重演和事故分析。

（4）支持飞行态势实时三维监视。

6.5 成果及应用示范

中国民航大学联合课题合作单位完成了低空监视雷达、红外探测系统、ADS-B 设备、多源数据融合设备、多源航迹融合设备、飞行数据处理设备、目标冲突预测设备、抗干扰甚高频电台、高压缩率卫星链路灾备路由设备等原理样机，以及固定/机动远端站配置模型算法软件的研制和开发工作，并构建了通信组网试验平台，开展了系统通信组网仿真试验。

依托本课题的研究内容，课题组获省部级科技成果奖 1 项；撰写技术标准建议 6 项；获授权国内发明专利 25 项、实用新型专利 5 项、外观设计专利 1 项；获授权软件著作权 20 项；发表论文 53 篇，其中在国外期刊、会议发表 26 篇，在国内期刊、会议发表 27 篇。

2014 年 6 月至 12 月，课题成果在西安阎良国家航空产业基地蒲城通用航空产业园开展了为期半年的示范应用（见图 6-12～图 6-15），系统运行效果良好，科技部验收专家组给出了 94.4 分的好成绩，在国家科技支撑计划民航专项 14 个课题中排名第一。

2014 年 11 月，课题组在珠海航展期间成功地举办了课题成果发布和展示会（见图 6-16），中央军委委员张又侠和中国民航局副局长王志清等领导出席发布会或参观展品。中国民航局飞标司副司长胡振江代表中国民航局向课题组的研制成果表示祝贺，他表示，该系统是民航强国建设进程中加强通用航空运行服务保障能力建设，推进通用航空事业发展的一项重要成果。新华社、中央电视台等中央主流媒体对"通用航空综合运行支持系统"产品进行了重点报道（见图 6-17）。

图 6-12　固定中心服务站（部署于陕西蒲城内府机场）

图 6-13　固定远端站（部署于陕西蒲城内府机场塔台）

图 6-14　机动远端站

图 6-15　机动中心服务站

图 6-16　珠海航展期间举办课题成果发布和展示会

图 6-17　中央电视台等中央主流媒体相关报道

图 6-17　中央电视台等中央主流媒体相关报道（续）

　　国内首款增强型通用航空综合运行支持系统的成功面世，为我国低空空域开放保驾护航，为通用航空产业和低空经济的发展提供了强有力的技术支撑，项目成果于 2016 年 6 月应邀参加国家"十二五"科技创新成就展（见图 6-18）。

图 6-18　项目成果参加国家"十二五"科技创新成就展

图 6-18　项目成果参加国家"十二五"科技创新成就展（续）

6.6　本章小结

本章介绍了国内最早的通用航空综合运行支持系统科研成果，目的是让读者了解国内通用航空飞行服务保障体系建立的历史过程，在此基础上展望未来技术路径，其中非合作目标探测等技术对于未来低空飞行服务和安全监管系统的建设具有重要参考价值。

延伸阅读资料

① 吴仁彪，贺增林. 通用航空的地面服务与保障. 会议文章（2013 中国国际通用航空大会），2013 年.

② 符双喜. 一种光电跟踪转台驱动模式转换及保护电路：201420049230.2. 专利，2014 年 7 月 9 日.

③ 李世龙，魏锋昌. 一种机动型雷达与光电一体化探测装置：201420047698.8. 专利，

2014 年 8 月 13 日.

④ 李世龙，魏锋昌. 一种雷达与光电一体化探测装置：201420049285.3. 专利，2014 年 8 月 13 日.

⑤ 刘宗香，谢维信，王品，等. 一种具有信息保持能力的 GM-PHD 滤波器. 期刊文章（电子学报），2013 年.

⑥ 李良群，谢维信，张智超. 基于模糊逻辑的自适应滤波新算法. 期刊文章（系统工程与电子技术），2013 年.

⑦ ZHANG T, WU R B, LAI R. Probability Hypothesis Density Filter for Radar Systematic Bias Estimation Aided by ADS-B. 期刊文章（Signal Processing），2016 年.

⑧ 章涛，吴仁彪. 近邻传播观测聚类的多扩展目标跟踪算法. 期刊文章（控制与决策），2016 年.

⑨ 章涛. 基于随机有限集理论的通用航空多目标跟踪方法研究. 学位论文（天津大学），2015 年.

⑩ 章涛，吴仁彪. 自适应门限 GM-CPHD 多目标跟踪算法. 期刊文章（数据采集与处理），2014 年.

⑪ 章涛，吴仁彪，李月敏. 单传感器多尺度状态融合估计算法. 期刊文章（信号处理），2013 年.

⑫ 石磊，吴仁彪，黄晓晓. 基于总体冲突概率和三维布朗运动的冲突探测算法. 期刊文章（电子与信息学报），2015 年.

⑬ 杨彬. 一种宽频带波导同轴线转换器：201420049333.9. 专利，2014 年 8 月 13 日.

⑭ 李璐. 单脉冲实时信号监控装置：201220122089.5. 专利，2012 年 3 月 28 日.

⑮ SHI Q Y, WU R B. Adaptive Interference Suppression for Civil Aviation VHF Air-to-Ground Communication Based on LS-LMS Constant Modulus Algorithm. 期刊文章（Advances in Information Sciences and Service Sciences），2011 年.

⑯ QU J Y, WANG R B, YAN C K, et al. Oscillations and Synchrony in a Cortical Neural Network. 期刊文章（Cognitive Neurodynamics）. 2014 年.

⑰ 石庆研，吴仁彪，钟伦珑. 单通道最优恒模自适应干扰抑制方法. 期刊文章（电子与信息学报），2011 年.

⑱ 吴仁彪，王心鹏，胡铁乔，等. 单通道恒模抗干扰民航 VHF 接收机设计与实现. 期刊文章（中国民航大学学报），2014 年.

⑲ 吴仁彪，李杰，王文益，等. 基于信号分离估计理论的卫星导航信号多径干扰抑制方法：201110327356. 2. 专利，2013 年 10 月 30 日.

⑳ 吴仁彪，方伟，王文益，等. 一种用于卫星导航系统的脉冲干扰抑制方法：201110375241. 1. 专利，2013 年 4 月 17 日.

㉑ 吴仁彪，钟伦珑，胡铁乔，等. 稳健的双通道民航地空通信恒模干扰抑制方法及系统：200810052084. 8. 专利，2012 年 6 月 27 日.

㉒ 吴仁彪，石庆研，王淑艳，等. 一种新的民航地空通信双通道恒模干扰抑制方法及系统：200810052085. 2. 专利，2011 年 6 月 15 日.

㉓ 吴仁彪，钟伦珑，胡铁乔，等. 民航地空通信中单通道最优恒模干扰抑制方法及系统：200710059767. 1. 专利，2011 年 5 月 12 日.

㉔ 吴仁彪，王心鹏，胡铁乔，等. 单通道恒模抗干扰民航 VHF 接收机设计与实现. 期刊文章（中国民航大学学报），2014 年.

㉕ 石庆研，吴仁彪，钟伦珑，等. 基于最小二乘 – 最小均方的智能天线自适应干扰抑制方法：200910069090. 9. 专利，2012 年 9 月 5 日.

㉖ JIA Y F, YANG J, LIU R H, et al. ISC: a Comprehensive Low-Latitude Integral Surveillance and Control System. 期刊文章（Journal of Multimedia），2014 年.

㉗ QU J Y, YANG J, LIU H T, et al. Clock Synchronization in Air Traffic Control. 期刊文章（International Journal of Digital Content Technology and its Applications），2013 年.

㉘ JIA Y F, XU H, WU R B. A Nonlinear Dynamic Model for Software Aging in Service-Oriented Software. 期刊文章（Journal of Software），2014 年.

㉙ 贾云飞，樊乐，徐晖，等. 管制员操作记录与交互式回放系统. 期刊文章（计算机工程与应用），2014 年.

㉚ 屈景怡，杨俊，高泽英，等. 空管系统中高可靠性双网冗余方法研究. 期刊文章（计算机应用研究），2014 年.

㉛ 吴仁彪，刘燕彬，王晓亮. 通用航空飞行计划航迹估算实现方法. 期刊文章（中国民航大学学报），2014 年.

㉜ 吴仁彪，王鹏，王晓亮. 通用航空综合运行支持流程设计. 期刊文章（中国民航大学学报），2014 年.

㉝ 苏志刚，郝敬堂，屈景怡，等. 基于中间件的可修复分布式系统可靠性分析. 期刊文章（计算机工程与设计），2013 年.

㉞ 王晓亮，马宇超，马亚冰，等. 一种适用于通用航空的飞行计划受理系统及控制方法：201410312797.9. 专利，2016 年 4 月 6 日.

㉟ 屈景怡，杨俊，吴仁彪，等. 一种空管自动化系统的双网热备冗余实现方法：201310344333.1. 专利，2016 年 5 月 18 日.

㊱ 屈景怡，杨俊，吴仁彪，等. 一种空管自动化系统中的双服务器热备系统及控制方法：201310343825.9. 专利，2016 年 5 月 18 日.

㊲ WU R B, CHEN G, WANG W Y, et al. Jamming Suppression for ADS-B Based on a Cross-Antenna Array. 会议文章（2015 Integrated Communication, Navigation and Surveillance Conference.IEEE），2015 年.

㊳ WANG W Y, CHEN G, WU R B, et al. A Low-Complexity Spoofing Detection and Suppression Approach for ADS-B. 会议文章（2015 Integrated Communication, Navigation and Surveillance Conference.IEEE），2015 年.

㊴ 王文益，朱特，吴仁彪. 低复杂度的 ADS-B 抗干扰阵列天线无源校正算法. 期刊文章（系统工程与电子技术），2017 年.

㊵ 吴仁彪，马亚冰，王晓亮. 通用航空飞行计划评估系统设计与实现. 期刊文章（中国民航大学学报），2016 年.

㊶ 沈笑云，秦芹，焦卫东. 通用航空空难搜救路径预测专家系统. 期刊文章（信号处理），2015 年.

第 7 章

机场无人机探测与反制技术

7.1 引言

我国无人机技术和产业的快速发展催生了这波低空经济热。近年来，国内外频繁发生的"黑飞"无人机扰航事件，不仅严重威胁航空安全，也对机场的正常运营造成了巨大影响。如何有效应对无人机对民航机场的安全威胁，已成为当前低空经济发展中亟待解决的重要问题。正在修订的民用航空法明确指出，"民用机场应当具备相应的对无人驾驶航空器的防范和处置能力，依法配备必要的探测、反制设备，相应反制设备的配备和使用应当符合国家有关规定。"

本章将围绕无人机对民航机场的安全威胁展开深入探讨，并系统介绍当前主流的无人机探测与反制技术；以美国 FAA 为例，介绍其在机场无人机探测与反制方面的政策指南和技术应用；结合我国实际情况，探讨国内机场无人机探测与反制技术的发展现状，并提出相应的政策建议。虽然本章内容聚焦机场特殊应用场景，但对低空经济安全治理具有普遍指导意义。

7.2 无人机对民航机场的安全威胁

随着无人机技术的快速发展及其在各个领域的应用日益广泛，无人机对公共安全的威胁也引起了全世界的关注。2018 年 8 月 4 日，委内瑞拉总统马杜罗遭无人机袭击。2019 年 5 月 14 日，沙特延布港一处炼油厂遭 7 架无人机袭击。2019 年 9 月 14 日，沙特炼油厂和油田遭遇 10 架无人机偷袭，轰动世界。2020 年 1 月，伊朗伊斯兰革命卫队下属"圣城族"指挥官苏莱曼尼在伊拉克首都巴格达国际机场外遭美军使用无人机发射导弹袭击，这一事件不仅加剧了国际形势的紧张关系，也凸显了无人机在军事行动中的重要作用。

近年来，随着消费级无人机的日益普及，不断出现无人机"黑飞"侵入机场净空区威胁民航安全的案例。2013 年年底，闯进北京首都国际机场空域范围的一架无人机导致十多个航班延误。2017 年起，无人机扰航事件频发，无人机扰航已成为全社会关注的热点问题。2017 年 4 月 1 日至 5 月 13 日，我国西南地区 3 个机场短短 43 天发生 33 次无人机扰航事件，导致 177 架次航班地面等待，194 架次航班空中等待，220 架次航班返航备降。其中，2017 年 5 月 12 日，重庆机场屡遭无人机干扰，从 19 时开始，干扰持续了 4 个多小时，共造成 200 多个航班备降、取消或延误。2017 年 11 月 30 日，中国民航局开展了我国无人机与客机碰撞首次试验，试验中消费级无人机与试验客机碰撞，导致试验客机风挡外层玻璃破碎，足见无人机对民航飞行安全的巨大威胁。美国近年来也饱受无人机扰航的困扰，2017 年 1 月至 2017 年 9 月的 9 个月间，美国 FAA 收到的无人机接近有人驾驶航空器事件报告高达 1696 起。2018 年 12 月 19 日，英国伦敦盖特威克（Gatwick）机场无人机扰航导致机场关闭约 36 小时。2019 年 1 月 22 日，美国新泽西州的纽瓦克自由国际机场因附近发现无人机活动而被迫暂停 45 个航班，另有 9 个航班转降其他机场。仅在 2019 年 4 月至 6 月，美国 FAA 的无人机目击报告就有 714 条统计记录。2024 年 9 月 11 日，天津滨海国际机场监测到疑似无人机非法进入禁飞区，导致航班起降受阻，造成近 60 架次航班延误、40 架次航班取消，超 3000 名旅客滞留。

无人机对民航机场安全威胁的事件表明，无人机可在短时间内突破传统防御系统，干扰关键空域运行，甚至可能引发航空器碰撞事故（例如，无人机被吸入发动机、干扰导航与通信系统、近距离接近与避让、恶意攻击和恐怖活动等）。扰航事件频繁发生，更凸显了研究机场无人机探测与反制技术的紧迫性和必要性。这不仅有助于保障航空安全和机场运营，还能推动相关技术的发展，提升无人机安全治理能力。

7.3 常规无人机探测与反制技术

7.3.1 单传感器无人机探测技术

无人机是典型的低空慢速小目标（简称"低慢小"）。"低慢小"是具有低空飞行、飞行速度慢、不易被侦测发现等特征的小型航空器和空飘物的统称。

"低小慢"的监视一直是对空监视的技术难题。无人机成本低廉、操控简单、携带方便、容易获取，并且升空突发性强、发现处置困难，容易被作为运载爆炸物品、投放生化毒剂毒品及散播传单的工具。非合作无人机，特别是消费级无人机比一般小型航空器飞行高度更低、体积更小、速度更慢，对非合作无人机的有效监视需使用专用的监视系统。近年来，面对"黑飞"无人机带来的巨大安全威胁，重要基础设施（如核电站等）和重要活动的安全保障对非合作无人机的有效监视提出了迫切的需求。

无人机探测技术综合利用各种传感器来"发现"或"找到"威胁目标，利用目标无人机的物理属性（如光学特性、热学特性、声学特性、磁学特性）的不同，通过测量某些物理属性来找到目标无人机并进行识别。目前常见的无人机探测手段主要有雷达探测、无线电侦测、光电探测及声音探测等，这些探测手段各有特点，适用场景也各不相同。

1. 雷达探测

雷达探测是无人机探测的重要手段之一，其通过主动发射电磁波并接收反射回波来探测目标。基于雷达的无人机探测技术的优点包括主动探测、搜索范围广、定位精度高及环境适应性强。然而，雷达探测也存在一些缺点，如成本较高，且对目标的识别能力有限。

"低、慢、小"的特点决定了利用雷达技术对无人机目标进行探测时有如下难点：首先，"低"的特点导致地杂波等背景杂波干扰严重；

其次，"慢"的特点导致雷达必须具有很好的低速目标检测性能；最后，"小"的特点导致雷达需要较高的检测灵敏度及稳定性。因此，传统雷达在对付无人机时表现不佳，甚至无法满足使用要求，需要针对性地研发专门的无人机探测雷达。

2024 年，美国 NQ DEFENSE 公司推出了 ND-BR022 无人机探测雷达，采用 3D 脉冲多普勒雷达技术，可实现包括无人机、直升机和鸟类等在内的低空–低速–小型（LSS）目标的探测功能。

2. 无线电侦测

一般而言，在无人机飞行的过程中，内部的飞控系统与图传系统均会发出无线电信号。无线电侦测就是通过对没有做加密处理的操控及图传信号进行监测，实现对目标无人机的精准定位。与雷达相比，无线电侦测设备具有不发射信号、体积小、易部署、成本更加低廉、可以满足大范围的防御需求、有一定的目标识别能力、可能探测飞手位置等特点。然而，无线电侦测也存在一些局限性，如易受干扰，定位精度差，且需要预先获得信号特征库，对于经过加密处理的信号进行破解需要花费大量的时间，不利于提升跟踪效率。若无人机处于自主巡航状态或保持静默航行而不发射信号，无线电侦测技术将无法起作用。

美国 Skysafe 公司的无人机探测车、德国安诺尼公司的无人机侦测系统等，均是利用无线电被动探测监视无人机的系统。国防科技大学等科研团队已研制出无人机无线电被动探测器，除了无人机探测，该系统还可以进一步与预先存储的不同型号的无人机无线电信号特征进行比对，从而进行无人机的识别。然而，现有系统仍然存在虚警率过高的问题，而高虚警率是民航应用所不能接受的。受技术体制的限制，无线电侦测技术还存在测向精度低的问题。

3. 光电探测

光电探测设备可以利用不同波段实现目标无人机图像的采集，常见的波段有可见光波段、红外波段等。对这些波段的图像进行分析处理，可检测、识别与跟踪无人机目标，获取其类型和位置等信息。

可见光探测利用在可见光波段工作的各种成像设备对目标无人机的视频图像进行检测，从而识别、确认目标，并对目标进行跟踪。该技术适合在白天使用，其设备成本较低，相关技术较成熟，应用较普遍。可见光探测的效果受天气影响较大，当能见度低时其探测效果差。

红外探测是利用背景与无人机目标之间的红外辐射差进行目标监测的，其先获取目标及其背景图像，然后通过一系列图像处理技术对目标进行检测、识别及跟踪。事实上，一切温度高于绝对零度的物体都在辐射红外线，在飞行过程中，无人机的电池和电机会产生热量，这为红外探测技术的应用提供了机会。红外探测易受各种热源和阳光干扰，更适合夜晚使用。此外，与可见光探测设备相比，红外探测设备成本高，这导致其应用受到了一定程度的限制。

激光探测通过发射激光束并测量反射时间来精确测量目标距离和位置，适用于复杂环境中的无人机探测，既能够精确测距又能够精确测速和精密跟踪。

4. 声音探测

在航行过程中，无人机的动力装置和螺旋桨叶片会发出声波，这些声波可以看作目标无人机的"音频指纹"，每架无人机都具有其独特的声学特征。通过采集声音信号，并与数据库中的无人机声学特征进行对比，可辨识目标无人机的信息。

声音探测仅被动地接收空中的声波信号，不易被无人机发现，因此安全性高，而且成本低。但是，该技术的实用性相对较低，有效探测距离近，在使用中不能满足远距离目标无人机探测的需求，且适用场景仅限于低噪声环境。美国 DroneShield 公司产品的有效探测距离约为 200m，日本 Alsok 公司的无人机声音探测与识别系统的有效探测距离则仅为 150m。

在现代无人机探测领域，多种技术被广泛应用，以提高探测的准确性和效率。每种技术都有其独特的优势和局限性，了解这些特点对于选择合适的探测方案至关重要。各种无人机探测技术的优缺点如表 7-1 所示。

表 7-1 各种无人机探测技术的优缺点

探测技术	作用距离	优点	缺点	成本	成熟度
雷达探测	较远（3～8km）	• 主动探测 • 搜索范围广 • 定位精度高 • 环境适应性强	• 成本高 • 目标识别能力有限 • 需评估电磁环境	高	高
无线电侦测	远（1～5km）	• 不发射信号 • 体积小 • 易部署 • 有一定的目标识别能力 • 可探测飞手位置 ……	• 易受干扰 • 定位精度差 • 需预先获得信号特征库 ……	中	高
光电探测	适中（1～2km）	• 探测结果直观 • 目标识别能力强 • 对环境影响小	• 易受光线和天气影响 • 搜索范围小 • 远距离探测成本高	中	中
声音探测	近（<200m）	• 理论上可行 • 具备一定的机型识别能力	• 实用性低 • 易被环境噪声掩盖 • 需维护声纹库，无法识别未知无人机	低	低

在对表 7-1 中所列无人机探测技术的优缺点进行详细分析后，可以明显看出，单一技术往往难以满足所有应用场景的需求。例如，雷达探测技术虽然在探测范围和精度上具有优势，但部署成本较高且目标识别能力有限。光电探测技术虽然能够提供直观的探测结果和强大的目标识别能力，但容易受光线和天气的影响，搜索范围相对较小，且远距离探测的成本较高。无线电侦测技术不发射信号，易于部署，但容易受到干扰且定位精度较差。声音探测技术虽然理论上可行，但实用性低，容易被环境噪声掩盖。

7.3.2 多传感器融合探测技术

鉴于单一传感器在探测精度、可靠性和环境适应性方面存在局限性，从技术特点来看，传统的单一探测手段无法完全独立应对所有情况，因此无法高效准确地探测和识别目标。多传感器融合探测技术已成为无人机探测领域的主流技术。市场上已有一些系统集成了不同的探测手段来提升探测能力。例如，系统以雷达作为探测手段，当探测到疑似无人机目标时，系统会调用光电设备进一步搜索确认，同时对雷达和光电设备进行信息融合，从而对目标进行高精度的实时定位。

根据美国巴德学院无人机研究中心对反无人机厂商的分析报告，其对 323 个具有无人机探测功能的系统中所使用的技术手段进行了统计分析（见图 7-1），结果显示，雷达探测技术、无线电侦测技术的使用率较高，光电探测技术一般作为雷达探测和无线电侦测的辅助手段，声音探测技术因其本身的局限性而使用率并不高。采用两种手段综合探测时，雷达探测和光电探测相结合是主流应用，雷达探测、无线电侦测及光电探测相结合也是考虑较多的技术搭配方式。目前，国外已研制出多种无人机探测系统，如表 7-2 所示。

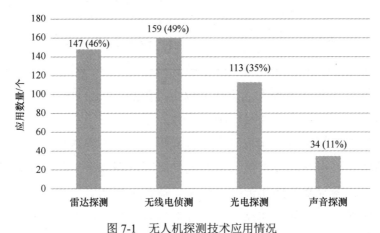

图 7-1　无人机探测技术应用情况

由表 7-2 可见，多传感器融合探测技术集成两种及以上的技术联合探测，能够有效地解决单一传感器探测的不足，增强对复杂环境的感知能力，而且在多变的操作条件下，提高了系统的自主决策能力，从而确保了探测结果的稳定性和可靠性。

表 7-2　国外无人机探测系统概况

国家	研制方	产品名称	体制	应用场景
澳大利亚	DroneShield 公司	DroneSentinel 系统	雷达探测、可见光探测、红外探测、无线电侦测和声音探测融合	通用
美国	黑睿科技公司	UAVX 系统	雷达探测、可见光探测和红外探测融合	通用
英国	Blighter 公司	AUDS 系统	雷达探测与光电探测融合	通用
德国	Dedrone 公司	DroneTracker 系统	可见光探测、无线电侦测和声音探测融合	通用
意大利	Selex ES 公司	"猎鹰盾"无人机防御系统	雷达探测、可见光探测和声音探测融合	通用
以色列	阿波罗盾公司	"阿波罗盾"系统	光电探测、无线电侦测和声音探测融合	通用
以色列	拉斐尔先进防御系统公司	"无人机穹"系统	雷达探测、光电探测	通用
俄罗斯	不详	PY12M7 型机动式反无人机侦察指挥车	无线电侦测引导雷达探测，再引导光电探测	通用

具体而言，多传感器融合探测技术的优势在于：首先，通过数据冗余提高了系统的容错能力；其次，不同传感器的互补信息增强了对目标特征的识别能力；再次，实时数据处理能力确保了快速响应；最后，通过优化传感器配置，实现了成本效益的最大化。因此，多传感器融合探测技术在无人机探测领域占据了重要地位，为实现高效、准确的探测提供了强有力的技术支持。

目前，我国已有多套民用无人机探测系统或监视设备投入试用。南京理工大学顾红教授课题组和中国民航大学著者团队联合研制了一部 C 波段圆柱形 2D 有源相控阵三坐标雷达。该雷达采用数字波束形成（DBF）、方位/俯仰多波束技术实现 360 度方位和 45 度俯仰的覆盖扫描，改善了雷达对无人机目标低空测高、机动跟踪和目标识别能力，给出了较高精度的三坐标信息，用于引导光电设备进行跟踪和确认。在此基础上，联合课题组研制了一套集成有源相控阵三坐标雷达、光电传感器和无线电侦测设备的无人机探测系统。

7.3.3　无人机反制技术

当探测到无人机后，就可以根据实际情况对无人机进行反制了。目前，无人机反制技术手段丰富，常见的有捕网枪、无人机捕网、激光炮、微波枪、声波干扰、操控信号干扰、无线电通信协议破解、卫星定位诱捕及黑客技术等。这些技术手段总体上可以分为以下几类：干扰阻断类、直接捕捉类、打击毁伤类、诱骗控制类。

1. 干扰阻断类

无人机通常借助无线电信号来实现卫星导航定位系统与飞控系统的通信，如果对应频段的无线电信号被干扰，无人机就会启动内置的自保机制，或被迫降落，或悬停空中，又或折回起飞地点。

干扰阻断类反制技术就是利用了这一机理，通过向无人机定向发射高功率无线电信号来干扰其定位系统和遥控系统，以切断无人机与遥控平台的联系，使定位设备和飞控设备无法正常运行，以此达到驱逐或打击无人机的目的。其目前主要有以下几种类型的干扰。

1）通信信号干扰

通信信号干扰可以有效地阻断无人机和控制台站之间的通信，切断无人机的遥控信号，以及数传和图传信号，使无人机进入信号丢失后的自我保护状态，从而达到对无人机的迫降或者驱离的目的。通信信号干扰可以根据需要进行定向或者全向干扰，可以有效地处理作用距离内的多架次无人机，具备针对无人机集群的打击能力。

2）导航信号干扰

民用无人机一般利用卫星导航定位系统对自身位置进行定位，可通过实施导航信号干扰来实现对无人机的干扰阻断。无人机在失去导航信号后，无法精准定位，从而影响无人机的飞控系统，限制无人机的飞行。由于导航信号较弱，此种干扰方式容易实现；但这种干扰方式会同时影响作用范围内其他设备的导航终端，使用时需要格外注意。

3）声波干扰

无人机有一个重要的组件——陀螺仪，其帮助无人机感知无人机自身的飞行状态。无人机通过陀螺仪的反馈信息和控制系统维持自身的平衡。因此，如果能够破坏陀螺仪的正常工作，就可使无人机无法正常工作。声波干扰通过发出与陀螺仪的声波频率一致的声波，致使其发生共振，使无人机上的陀螺仪无法正常工作，导致无人机坠毁。但目前这种干扰方式成本较高，不适合广泛推广使用。

TRD 新加坡公司在 2020 年新加坡航展上推出的新型 Orion H+轻型反无人机系统就属于干扰阻断类。该系统是一种便携式反无人机系统，质量不到 6 千克，续航时间达 60 分钟以上，待机时间长达 48 小时。该系统具有多达 6 个干扰模块，能够干扰 6 种无线电频率，可以应对商用无人机、自制无人机，甚至军用无人机，其对抗策略是在 20 秒内中断无人机的通信链路，触发其自动着陆或返回。

2. 直接捕捉类

常见的直接捕捉类反制技术主要有网捕式和鸟捕式两种。比较常见的是用发射枪弹射捕捉网，不过这种方式的作用距离有限。还可采用大型无人机来捕捉小型无人机，利用大型的 8 轴无人机，下面挂载巨型的捕捉网捕捉小型无人机。然而，这种方式操控的难度较大，且灵活性上小型无人机更占优势，因此并未被广泛使用。此外，还可通过训练鹰隼等大型飞鸟捕捉无人机。驯服动物对无人机进行捕捉最早是由芬兰警方与鸟类训练机构合作进行的，其从小就培养选中的鹰隼对无人机的捕捉意识，通过每次成功捕获后的奖励机制，训练鹰隼对无人机的捕捉能力。经过训练后的鹰隼可由管理人员指挥，利用其擅长捕捉的优势，对远处无人机进行快速致命打击，破坏其动力系统，实现捕捉。鹰隼的饲养成本低，在无人机捕捉过程中无须人工干预。该方式对机场环境的影响较小，但是因为需要从小进行培养，对培养人员与培训周期有很高的要求，并且鹰隼在执行任务的时候主要依赖训练培养的条件反射，不具有意识思维，捕捉过程中容易受到突发状况的影响。

利用直接捕捉类反制技术可将抓获的无人机带回指定区域，但是需要无人机在可视范围内，因此对无人机的作用距离有限。随着无人机避障技术的发展，拦截捕捉会越来越困难。

3. 打击毁伤类

打击毁伤类手段是指通过直接摧毁无人机来消除威胁。常见的打击毁伤类手段包括：高射机枪炮、防空导弹等常规火力，基于激光、微波技术的新型武器，以及暴力竞速无人机、格斗型无人机等，可通过多种方式对目标无人机进行拦截或摧毁。

打击毁伤类反制技术的打击效果好，直接快速，且对干扰不敏感，但在实战中对瞄准精度有较高要求，且费用开销大，还可能引起无人机坠落，从而带来其他地面公共安全隐患。打击毁伤类手段常见于国防领域，在民航领域使用时需要谨慎，因为它可能导致碎片散落，对机场设施或人员造成二次伤害。

以色列智能射手公司的 SMASH 轻武器火控系统就属于打击毁伤类。SMASH 轻武器火控系统能够显著提高小型武器的准确性和杀伤力，可以将来自雷达等多种传感器的目标数据集成到突击步枪上，也可以与其他无人机反制系统结合，从而提供适用于现代战场的有效多层次反无人机解决方案。

4. 诱骗控制类

诱骗控制类手段采用伪装或诱骗等方式误导非法入侵的无人机，使其无法接收甚至接收错误的信息，从而误判位置或飞行路线，进而有效降低无人机执行任务的能力。诱骗控制的主要方式有：导航信号欺骗、无线电信号劫持及黑客技术劫持等。

1）导航信号诱骗

针对搭载卫星导航终端的民用无人机，通过发射虚假的卫星导航信号，可以欺骗、迷惑无人机的导航终端，使其定位在系统预设的虚假位置。通过卫星定位信号诱骗，可以实现禁飞区设置、返航点欺骗和航路欺骗等。由于无人机接收的卫星导航信号较微弱，系统只需要很小的发射功率即可达到对无人机的诱骗效果。

2）无线电信号劫持

当前，无人机使用的控制信号大多在 2.4GHz 和 5.8GHz 等常规民用频段。无线电信号劫持技术是指首先破解无人机控制信号的通信协议，然后向无人机发送信号更强的控制信号，从而获得无人机的控制权。该技术是目前国内外无人机反制领域最为先进的一种技术。但随着无人机通信技术和加密技术的提升，破解难度越来越大，并且需要定期更新无人机频谱特征适配库和通信协议，成本较高。

3）黑客技术劫持

现在市场上有些无人机使用手机和平板电脑进行操控，无人机与遥控器之间采用 WiFi 信号进行通信，因此可以使用很多成熟的黑客技术来劫持无人机。但该方式门槛较高且不易商业化。

由 Citadel Defense 公司与美国作战人员和安全专家一起设计、开发的 Titan 反无人机系统就属于诱骗控制类。Titan 反无人机系统可以为用户提供实时信息，识别接近的无人机或蜂群，并选择性地应用精确的对抗措施，诱使无人机降落或返回其基地。

以上介绍的几类反制技术在成熟度、应用场景、作用效果、成本代价等方面各有特点，常规无人机反制技术对比如表 7-3 所示。

表 7-3 常规无人机反制技术对比

反制类型	管控设备	优点	缺点
干扰阻断类	通信信号干扰	• 成本低，可靠性高 • 作用距离远 • 对目标引导精度要求低	• 无法对付编程飞行目标 • 对周围电磁环境有附带影响
	导航信号干扰	• 成本低，可靠性高 • 作用距离远 • 干扰效率高	• 附带毁伤大，对周围导航终端影响严重 • 无法对付不依赖卫星导航飞行的目标
	声波干扰	• 对目标核心器件进行干扰，目标普适性好 • 对周围环境影响小	• 成本高 • 作用距离近 • 干扰效率低

续表

反制类型	管控设备	优点	缺点
打击毁伤类	激光	• 硬杀伤，目标普适性好 • 适合作为近距离反制手段	• 成本高，系统复杂 • 作用距离近，环境适应性差 • 引导精度要求高，难以对付高速移动的目标
打击毁伤类	导弹	• 作用距离远，杀伤能力强 • 适用于核心目标防护，有效打击中大型目标	• 成本高 • 引导精度要求高，需要预警系统配合 • 无法对付小型目标
打击毁伤类	高能微波	• 摧毁目标核心电子器件，目标普适性好 • 目标杀伤可靠性高	• 成本高 • 作用距离近 • 连带杀伤极大，使用场合受限
直接捕捉类	无人机捕捉	• 灵活性好，可对目标持续追踪捕获 • 可捕获并带回目标，便于目标取证	• 操作要求高，无法广泛推广 • 载机本身易带来新的威胁
直接捕捉类	捕捉网	• 目标普适性好，可拦截大部分目标 • 目标坠落风险可控，便于目标取证	• 引导精度要求高 • 作用距离近 • 操作要求高，成功率低
直接捕捉类	鹰隼捕捉	• 生物捕捉，灵活性好 • 无连带杀伤，适用于特定场合的防护	• 不确定性高，无法广泛推广 • 只能对付微型无人机
诱骗控制类	导航信号诱骗	• 可无损伤捕获无人机，便于目标取证 • 作用距离远 • 目标普适性好，可对付中大型无人机	• 无法对付不依赖卫星导航飞行的目标 • 引导精度要求高 • 对周围其他导航终端有附带影响
诱骗控制类	无线电信号劫持	• 可无损伤捕获无人机，便于目标取证 • 可独立工作，不需要外部设备配合	• 目标普适性差，仅适用于已破解的无人机 • 信号破解难度大，代价高，难以大范围推广
诱骗控制类	黑客技术劫持	• 可无损伤捕获无人机，便于目标取证 • 隐蔽性好，可劫持控制未升空无人机	• 仅适用于通过 WiFi 控制的无人机 • 门槛高，难以大范围推广

美国巴德学院无人机研究中心对反无人机厂商的分析报告中对 362 个具有无人机反制功能的系统所使用的技术手段进行了统计分析（见图 7-2）。统计结果显示，目前绝大部分的反制系统都采用了干扰阻断类反制技术，其他技术采用较少。反制系统的主流应用是采用单一技术，当多种技术结合时，一般以干扰阻断类反制技术为基础，其他技术作为补充。

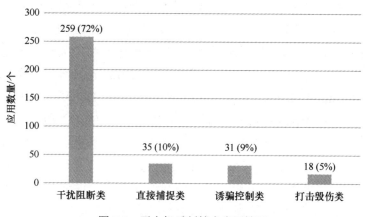

图 7-2 无人机反制技术应用情况

法国泰利斯公司正在推出一种由雷达、声像探测器、定向仪、射频和视频定位器及激光扫描装置组成的组合设备。其对非法无人机的反制任务由动能杀伤武器（高炮或狙击步枪）完成，也可通过激光干扰、选择性干扰、GPS 电子欺骗和电磁脉冲来完成，还可通过另一架装备干扰设备的无人机进行拦截来完成。泰利斯公司已针对四旋翼无人机和其他小型无人机进行了反无人机的技术试验。

由于无人机威胁具有多样性和多变性，反制无人机不存在"一招鲜吃遍天"的情况。尤其是在战场上，情况更加复杂，必须采用多样化多层次的装备和技术手段来应对威胁。目前，已经有一些产品或系统采用了多种手段。

例如，俄罗斯推出的 ROSC-1 反无人机系统采用的就是复合式反制技术，其同时使用多种手段对抗无人机。当发现接近的无人机后，该系统可使用特种手段屏蔽无人机控制信道，必要时还能对其实施迫降。另外，该系统还可屏蔽一定频率范围内的信号，同时提供虚假的位置坐标，受此干扰的敌方无人机将改变飞行方向，飞离目标区域。

7.4　美国 FAA 关于机场无人机探测与反制技术的使用政策

美国 FAA 在机场无人机探测与反制方面进行了大量的研究和实践，并发布了一系列指南，以指导机场运营商应对无人机威胁。

2016 年 10 月 26 日，FAA 发布了给机场运营商的关于机场无人机探测和反制技术演示/评估的指导意见。意见指出，美国国会责成 FAA 与国防部（United States Department of Defense，DOD）、国土安全部（United States Department of Homeland Security，DHS）和其他联邦机构合作开展"使用无人机探测系统建立机场和其他重要基础设施的空域风险消除试验研究计划"。FAA 无人机系统总体办公室正在通过合作研究和开发协议（CRDAs）与无人机探测制造商合作，评估在机场及机场附近使用不同的方法和系统探测与识别小型无人机系统的能力。在完成试验研究计划后，FAA 指出："可以使用无人机探测系统来探测和减少对航空安全构成风险的未经授权的无人机。"

除了参与 FAA 无人机探测计划的机场，FAA 未授权任何机场进行任何无人机探测或反制技术的评估。FAA 强调，未经授权的无人机探测和反制技术可能会产生许多问题，如对机场电磁环境的干扰。

因此，FAA 要求在机场或机场附近演示、评估和部署任何无人机探测或反制技术的供应商在联系任何联邦政府管理的机场时，机场应首先联系当地的 FAA 机场地区办事处（ADO），然后签订协议在其机场进行无人机探测或反制技术的评估或者演示。

2016 年 2 月至 2017 年 12 月期间，FAA 及其合作机构对位于大西洋城、纽约、丹佛和达拉斯–沃斯堡的机场中运行的无人机探测系统进行了全面的考察和评估。评估工作揭示了在机场环境中应用常规无人机探测与反制技术所面临的诸多独特挑战。FAA 的重要发现和建议包括以下几点。

（1）机场环境有许多潜在的比预期更多的干扰源。这些环境中无线电频谱的高拥堵率使探测变得更加困难，在某些情况下甚至是不可能探测的。

（2）某些无人机的特殊运行状态（如悬停）和飞行自主程度也限制了探测技术。需要较高程度的人力介入来操作设备和识别虚假目标，因为探测系统可能将其他运动目标误识别为无人机。

（3）发展无人机探测系统，使其不会对机场的安全运行、空中交通管制和其他空中导航服务或国家空域系统（National Airspace System，NAS）的安全高效运行产生不利影响或干扰。同时，其应该在不改变现有基础设施的情况下，与现有的机场系统、流程、程序和技术协同工作。

（4）确定在机场安装永久系统的可行性的主要因素是实现其空域覆盖所需的传感器数量。由于覆盖范围取决于每个机场的特性和要求及系统类型，因此传感器的数量将有所不同。许多类型的探测技术的覆盖距离也限制了这类技术在确定无人机位置方面的效能。

（5）在多单位共用的环境中部署无人机探测系统具有很大挑战。在需要较高的冗余覆盖率的情况下，费用是难以承受的。还有一个重要的问题是，随着无人机技术的快速发展和变化，系统安装后可能很快就过时了。

在机场评估或部署无人机探测或反制系统可能会导致无意的电磁干扰，鉴于可能对 NAS 的安全性和效能产生影响，FAA 不赞同或不提倡在机场环境中使用反制技术。

2018 年 7 月 19 日，FAA 向机场运营商发出了一份补充信函，为有意向演示、评估或以其他方式部署无人机探测及反制技术的机场提供进一步的指导意见。意见指出，FAA 正在努力以安全可靠的方式将无人机全面纳入 NAS，其强调虽然无人机技术为社会和国民经济带来了巨大效益，但是这种技术被滥用的潜在风险也带来了独特的安全挑战，特别是在机场环境中。

2018 年 12 月 19 日，英国伦敦盖特威克机场因有无人机闯入空域，从 19 日晚开始暂停所有航班。当地时间 20 日，无人机带来的危机仍未解除，数百架次航班延误，十多万名旅客受到影响。鉴于该事件，FAA 于 2019 年 5 月 7 日给机场运营商再次下发了信函，旨在对有意向演示、评估或部署无人机探测系统或已在其机场或机场附近拥有无人机探测系统的机场运营商提供有用的补充信息，并提供关于在机场或机场附近禁止私自使用反制技术的信息。信函内容指出，除非具有联邦部门明确的授权，否则目前 FAA 不支持任何组织使用无人机反制系统，包括具有主动拦截能力的系统。无人机探测系统的使用可能会扰乱机场空中交通，甚至在机场安全和效益等方面引发不希望的连锁反应。在安装和部署无人机探测系统之前，需要与 FAA 合作，以获得关于技术与法规方面的支持。

7.5 国内机场无人机探测与反制技术使用政策建议

在机场低空安全防护领域，无人机探测与反制技术的应用至关重要。目前，国内有多个机场均部署了无人机探测系统，进行示范应用，不过这些无人机探测系统多为 2017 年无人机"黑飞"影响民航安全的问题日益突出后，由通用系统直接应用到民航机场的，鲜有针对机场的特殊环境进行专门设计的系统。

民航机场具有与一般重要基础设施和重要活动保障不同的特殊环境，其电磁环境比一般应用场景更复杂，民航机场对安全性和持续不间断工作的要求较高，许多无人机探测与反制技术未必适用于机场环境。

第一，机场环境包含大量的民航飞机目标和地面车辆目标，对无人机探测时，其他目标和杂波的干扰更加复杂。民航飞机如波音 747 的雷达散射截面积可达 1000 平方米，而消费级无人机的雷达散射截面积仅为 0.01 平方米甚至更小，存在强杂波背景下强弱目标混叠的目标检测技术难题。常用的雷达探测技术，大多采用机械扫描体制，由于存在机械旋转结构，在需要全天时不停机的无人机探测应用场景下使用受限。采用电子扫描的相控阵体制雷达，波束控制灵活，便于扫描区域的设置，更适用于无人机的探测。

第二，应用于机场的无人机探测系统不能影响机场和飞机上无线电设备的正常运行，同时系统也不能受机场内和机载无线电设备的干扰，因此对无人机探测系统的电磁兼容提出了更苛刻的要求，使用雷达设备需要先评估其对机场电磁环境的影响。

第三，民航机场无人机探测对无人机目标测高精度的要求更高，特别是机场超低空范围内建筑物、滑行和起降飞机、车辆等目标众多，对电磁波造成复杂的多径散射，给民航机场超低空范围内无人机的精确测高带来了技术难题。

为了保障民航旅客的生命财产安全和民航正常运行，促进无人机产业健康有序发展，民航管理部门积极建立健全法规体系，下发系列文件指导相关部门开展防范无人机工作。2017 年 5 月，中国民航局公布 155 个民用机场障碍物限制面保护范围数据，为电子围栏技术的应用提供了支持。

为切实加强民用无人驾驶航空器运行管理的组织领导和协调统筹，抓紧、抓好民用无人驾驶航空器运行管理各项工作，中国民航局于 2018 年 5 月 23 日发布了《关于成立民用无人驾驶航空器管理领导小组及工作组的通知》（局发明电〔2018〕1368 号），决定成立中国民航局民用无人驾驶航空器管理领导小组及运行、空管、技术应用、适航和人员资质五大专项工作组。中国民航局在无人机管理方面采取了一系列措施，并颁布了多项规范与指南，如《轻小无人机运行规定（试行）》《民用无人驾驶航空器实名制登记管理规定》《民用无人驾驶航空器系统空中交通管理办法》《民用无人机驾驶员管理规定》等。

由于无人机探测与反制技术种类繁多、性能各异、用途单一、成本悬殊，机场管理部门很难选择更为有效的技术设备来防范无人机对机场净空的干扰。因此，制定一部机场防范无人机技术的标准迫在眉睫。2019 年 8 月 2 日，中国民用机场协会正式发布了《民用机场无人驾驶航空器系统监测系统通用技术要求》，其指出："民用机场设置无人机探测系统，应根据机场飞行等级、所在地区环境、空域条件和无人机侵入对安全运行影响程度等因素，确定无人机探测系统设置范围及性能要求。"

无人机探测系统中的无线电发射设备不应对依法设置、使用的无线电台（站）产生有害干扰，其工作频段应避开该机场地面航空无线电台（站）和航空器无线电台的工作频段，各种设备使用时不应对机场及航空器运行造成不可接受的无线电干扰。

民用机场部署无人机探测系统应先确定无人机造成的风险程度，确定无人机入侵监测区域，调查部署环境，研究分析需要的系统组成和站点部署，同时应考虑电磁环境评估、电磁环境与场地保护、地形地物遮蔽和机场限高等要求。

无人机探测与反制设备需要与现有的机场系统、流程、程序和技术协同工作，才能更好地发挥作用。机场使用无人机探测与反制设备时应严谨评估，科学地制定机场无人机探测与反制技术的使用政策。早在2017 年，著者就在中国民航网智库专家专栏撰文呼吁，要慎用或禁用无线电干扰手段对付"黑飞"无人机，因为无人机对于民航只是潜在威胁，但无人机反制设备的干扰是现实威胁。

民航空管等很多设备严重依赖 GPS 或北斗的授时和导航定位功能，所以这些设备对于无线电干扰非常敏感。无人机管控、通用航空安全监管和无线电干扰（或机场净空）是民航安全领域的三个"老大难"问题。用无线电干扰手段对付无人机本身也表明，民航飞机对于无线电干扰同样表现脆弱。在用干扰手段对付无人机防止它和民航飞机危险接近的同时，这种干扰手段对民航协同空管系统也构成了威胁，其实安全问题并没有解决，只是转变了形式而已。干扰手段的不恰当使用未来将给民航安全带来严重威胁，可能被用于恐怖袭击，因为开发干扰无人机产品的同时会培养很多掌握这种干扰对抗技术的人，尤其是智能欺骗式干扰的开发者。虽然这些产品都限定了作用范围，但技术人员很容易改变发射功率扩大干扰范围。

无人机反制设备已成为新出现的重要民航设备无线电干扰源。据2019 年 11 月 8 日报道，哈尔滨机场多个航班在某县附近频繁发生航空器 GPS 信号丢失，部分航班出现 ADS-B 系统故障。最终查明干扰源为某企业内用于防止无人机闯入投毒而私设的无人机反制设备。国内已有多家机场遭受类似干扰。

除了民航，很多关乎国计民生的重要基础设施，比如移动通信网络、智能电网和金融系统等都用到了全球导航卫星系统（Global Navigation Satellite System，GNSS）的定位测速授时（Position Velocity and Time，PVT）功能，它们对于无线电干扰都极其敏感。机场数量有限且位置公开已知，但上述系统背后所使用的 GNSS 设备可能分布更广，且设备位置未知，更容易成为无辜的受害者。

另外，著者也不赞成科普式的无人机探测与反制"比武"，这会让更多的人掌握此敏感技术，滥用或不当使用将对航空安全构成巨大威胁。

美国是很早关注和评估无线电干扰对 GPS 影响并积极研究抗干扰措施的国家，也是最早的受害者，目前受无人机的影响也很大，为何其不积极发展用干扰手段对付"黑飞"无人机？著者早在 2017 年 5 月就呼吁，建议国家有关部门尽快认真评估干扰手段对于民航安全和其他重要基础设施运行安全的影响，要慎用或禁止使用非法产品，并做好相关科普工作，宣介无线电干扰对民航安全的危害。2019 年 5 月，美国 FAA 提出了类似观点，机场可以推进测试与采购无人机探测技术，但目前不支持使用无人机反制技术与系统，无人机探测与反制设备需要与现有的机场系统、流程、程序和技术协同工作才能够更好发挥作用。

7.6 本章小结

无人机对机场安全的威胁是当前航空领域面临的重要挑战之一。随着低空经济的快速发展，这一挑战将越来越大。很多通用的无人机探测和反制技术不一定适用于机场环境。此外，无人机技术迭代更新快，探测与反制技术也需与时俱进地迭代更新，只有这样才能有效应对无人机对机场安全的威胁，确保航空运输的安全与高效运行。比如，常用的无线电侦测和通信干扰反制手段对以 5G/6G 为通信手段的无人机或线控无人机就立即失效了。

延伸阅读资料

① 吴浩，徐婧，李刚. 无人机探测与反制技术发展现状及建议. 期刊文章（飞航导弹），2020 年.

② 刘闪亮. 机场环境下无人机及飞鸟光电图像的目标识别算法研究. 学位论文（中国民航大学），2023 年.

③ 曹原，陈钢，张金泽，等. 雷达导引头对低空慢速小目标探测能力的研究. 期刊文章（现代雷达），2012 年.

④ 韩晓飞，蒙文，李云霞，等. 激光防御低慢小目标的关键技术分析. 期刊文章（激光与红外），2013 年.

⑤ 吴小松，房之军，陈通海. 民用无人机反制技术研究. 期刊文章（中国无线电），2018 年.

⑥ LIU S L, WU R B, QU J Y, et al. HDA-Net: Hybrid Convolutional Neural Networks for Small Objects Recognization at Airports. 期刊文章(IEEE Transactions on Instrumentation and Measurement), 2022 年.

⑦ LIU S L, QU J Y, WU R B. HollowBox: an Anchor-Free UAV Detection Method. 期刊文章(IET Image Processing), 2022 年.

⑧ LIU S L, LI Y L, QU J Y, et al. Airport UAV and Birds Detection Based on Deformable DETR. 会议论文(2nd International Conference on Electrical, Electronics and Computing Technology), 2022 年.

⑨ 刘闪亮，吴仁彪，屈景怡，等. Bi-PPYOLO Tiny: 一种轻量型的机场无人机检测方法. 期刊文章（安全与环境学报），2023 年.

⑩ LIU S L, WU R B, QU J Y, et al. HPN-SOE: Infrared Small Object Detection Algorithm Based on Heterogeneous Parallel Networks with Similarity Object Enhancement. 期刊文章(IEEE Sensors Journal), 2023 年.

⑪ 刘闪亮，吴仁彪，屈景怡，等. 基于 A-YOLOv5s 的机场小目标检测方法. 期刊文章（安全与环境学报），2023 年.

⑫ 屈景怡，刘闪亮，李云龙，等. 一种夜间机场净空域红外小目标的检测方法、系统及应用：CN115410012A. 专利，2022 年 11 月 29 日.

⑬ 王奇珍，张允清，唐世玉，等. 集群无人机探测及对抗措施综述. 期刊文章（现代防御技术），2019 年.

⑭ 俞宁宁，毛盛健，周成伟，等. DroneRFa：用于侦测低空无人机的大规模无人机射频信号数据集. 期刊文章（电子与信息学报），2024 年.

⑮ 徐辰宇，曹杰，杨峰，等. 远距离"低慢小"目标探测技术研究进展. 期刊文章（激光与光电子学进展），2024 年.

⑯ MICHEL H. Counter-Drone Systems. 图书（Center for the Study of the Drone at Bard College），2018 年.

⑰ 程擎，伍瀚宇，吉鹏，等. 民用无人机反制技术及应用场景分析. 期刊文章（电讯技术），2022 年.

⑱ 蔡亚梅，姜宇航，赵霜. 国外反无人机系统发展动态与趋势分析. 期刊文章（航天电子对抗），2017 年.

⑲ Federal Aviation Administration. Letter Provides Guidance on Unmanned Aircraft Systems (UAS) Detection and Countermeasures Technology Demonstrations/Evaluations at Airports. 文件，2016 年.

⑳ Federal Aviation Administration. Letter from FAA Office of Airports on Guidance on Use of Counter UAS Systems at Airports. 文件，2018 年.

㉑ Federal Aviation Administration. Updated Information on UAS-Detection and Countermeasures Technology (Counter-UAS) at Airports. 文件，2019 年.

㉒ 中国民用航空局. 关于成立民用无人驾驶航空器管理领导小组及工作组的通知（局发明电〔2018〕1368 号）. 文件，2018.

㉓ 全国首届机场防范无人机技术大赛举办. 报道（中国民航网）. 2018 年 12 月 21 日.

㉔ 中国民用机场协会. 民用机场无人驾驶航空器系统监测系统通用技术要求. 标准（T/CCAATB-0001-2019），2019 年.

㉕ 科学管理无人机 让低空安全有序. 报道（中国民航报），2025 年 3 月 8 日.

㉖ 慎用或禁用无线电干扰手段对付"黑飞"的无人机. 报道（中国民航网），2017 年 5 月 25 日.

㉗ 吴仁彪. 航空安全面临的挑战与对策. 大会特邀报告（2017 公共安全科学技术学术年会，北京），2017 年 11 月 11 日.

㉘ 吴仁彪. 慎用导航诱骗无人机反制技术. 大会特邀报告（第十届中国卫星导航年

会，北京），2019年5月22日.

㉙ 吴仁彪. 机场无人机安全管控技术发展现状和若干思考. 大会特邀报告（中国公共安全大会，北京），2019年11月23日.

㉚ 吴仁彪. 黑飞无人机对航空安全的影响与对策. 大会特邀报告（第六届世界智能大会世界数字友好安全空间发展论坛，天津），2022年6月24日.

㉛ 吴仁彪. 低空经济信息系统与安全管控理论及关键技术. 特邀专题报告（国家自然科学基金委第407期双清论坛，苏州），2025年4月19日.

㉜ 吴仁彪. 低空经济给运输航空安全带来的挑战. 大会报告（第四届北京航空安全国际论坛，北京），2025年6月6日.

第 8 章

卫星导航系统干扰监测、定位与抑制技术

8.1 引言

　　无人机等低空飞行器，通常采用卫星导航系统来实现导航和合作式监视。卫星导航系统经常会受到各种有意和无意的高功率干扰，导致导航接收机失锁，无法正常工作。此外，导航接收机也容易受各种与卫星信号具有相似特征的欺骗干扰的影响，输出错误位置，影响导航和监视性能。近年来，民航卫星导航系统受到越来越多的干扰，不少是无人机反制设备的不当使用或滥用引起的。随着低空经济的快速发展，这个问题会越来越突出。卫星导航系统干扰和欺骗将给低空经济发展带来严重的安全问题。本章介绍著者团队在卫星导航系统干扰监测、定位和抑制方面所做的主要工作。

8.2 卫星导航系统干扰概述

　　卫星导航系统可以为用户提供定位、导航、授时等服务，是关系国计民生的重要基础设施，也是支撑低空经济发展的重要基础设施。低空飞行器的导航和监视很多都依赖卫星导航系统。

　　GNSS 是各种卫星导航系统及其增强系统的总称。能够提供全球服务的卫星导航系统，除了我国的北斗系统，还有美国的 GPS（Global Positioning System）、俄罗斯的 GLONASS（Global Navigation Satellite System）、欧洲的 Galileo。我国自主研发的北斗系统已被越来越多的人熟知，也正在国民经济各领域发挥越来越重要的作用。北斗系统经过了"北斗一号"解决有无、"北斗二号"服务亚太、"北斗三号"服务全球的三步走发展，"北斗三号"已于 2020 年建成，正式开通服务全球。ICAO《国际民用航空公约》关于航空电信的附件 10 在 2023 年正式生效的修订版中包含了北斗系统，标志着北斗系统加入了 ICAO 标准，成为全球民航通用的卫星导航系统。

　　无论哪个卫星导航系统，由于导航卫星距地面非常遥远，一般离地高度都在 2 万千米以上，北斗系统中的地球同步卫星距地面更远，地面、海面或飞机上能够接收的导航卫星发射的导航信号非常微弱，卫星导航信号极易被各种无意和有意的干扰影响。卫星导航系统的无意干扰包括电离层和太阳活动造成的干扰，还包括其他无线电设备的信号因频率接近、频谱泄露等进入卫星导航系统频段的射频干扰（Radio Frequency Interference，RFI）。而恶意干扰包括高功率干扰和欺骗干扰等。

　　正因为卫星导航系统对于国民经济诸多领域的重要性、基础性，其稳健性和安全性在过去 10 多年来引起了全世界的高度关注。卫星导航系统干扰的监测、定位与抑制，对于保障应用卫星导航系统进行定位、导航、授时的重要基础设施的安全运行具有重要意义。

　　2010 年，美国国家定位、导航和授时（Positioning, Navigation and Timing，PNT）咨询委员会指出，"美国现在严重依赖 GPS。没有它，手机基站、智能电网同步、新的飞机着陆系统及未来的美国 FAA 空中交通管理系统均无法工作。不断增加的恶意和无意干扰事件导致 GPS 不能为关键的基础设施运行提供支持。"2011 年 11 月，美国中央情报局的一架侦察无人机被伊朗捕获，据分析其使用的技术手段就是同时实施压制干扰和欺骗。2013 年，美国 GPS 之父、斯坦福大学教授 Brad Parkinson 指出，"美国很多方面过度依赖卫星导航和授时系统，这已经成为一个潜在危险，是我们最大的、未解决的关键基础设施问题。"2013 年 2 月，美国总统奥巴马提出要求，"关键的基础设施必须是安全的，具有承受所有危险和快速恢复的能力。"为此，美国国土安全部下设的科学与技术局，专门评估压制干扰和欺骗的影响，研究抗干扰和抗欺骗措施，并为关键设施保护提供最好的实践手段。

　　2019 年，美国 FAA、欧盟委员会、美国斯坦福大学、MITRE 公司和德国宇航研究院（Deutsches Zentrum für Luft-und Raumfahrt，DLR）共同提出建议，规范了卫星导航干扰威胁的术语、分类和处置措施，供研制下一代具有抗干扰功能的航电系统标准参考。这是一个欧美在该领域的联合研究项目，它把卫星导航系统面临的各种威胁，无论是无意的还是有意的，分成干扰（Jamming）和欺骗（Spoofing）两大类（其实它们都属于干扰）

11 种。干扰包括 4 种类型，即衍生干扰（Collateral Jammers）、高功率干扰（High Power Interferences）、瞄准干扰（Targeted Jammers）和瞄准复杂干扰（Targeted Sophisticated Jammers）。欺骗包括 7 种类型，即转发干扰（Repeaters）、错误信号（Errant Signals）、衍生模拟欺骗（Collateral Spoofers-Simulators）、衍生再辐射欺骗（Collateral Re-radiating Spoofers）、瞄准模拟欺骗（Targeted Spoofers-Simulator）、瞄准再辐射欺骗（Targeted Re-radiating Spoofers）和瞄准复杂欺骗（Targeted Sophisticated Spoofers）。有时干扰和欺骗两种手段会被同时使用。

民航是高安全要求的卫星导航系统应用领域。ICAO 在 2016 年发布的第五版"全球空中航行计划"中明确指出，卫星导航系统是现代空中航行系统的重要基础，是提升安全水平和服务质量的重要手段。在民航领域，卫星导航系统干扰可能导致航空器紧急复飞、中止进近、备降、空管关键设备降级使用等事件，不仅带来严重的航空安全隐患，也干扰了航空运输的正常进行，导致航班延误和运行效率下降。2019 年举行的 ICAO 第四十届大会专门就卫星导航系统干扰问题展开讨论，督促各国完善或建立民航卫星导航系统干扰监测系统。2019 年 10 月，中国民航局也成立了民航 GPS 信号干扰专项工作组。

8.3 卫星导航系统干扰的监测与定位

随着民航信息技术的快速发展，民航飞机已能收集越来越多的数据，这些数据有些可以实时传输到地面数据中心，有些可以在飞机降落后的很短时间内传输到地面数据中心。民航飞机执行旅客与货物运输的同时，也成为获取天空中数据的重要来源。民航飞机在正常运行过程中收集的庞大数据（称为飞行大数据），为卫星导航系统干扰的监测与定位提供了新的可能。

为了解决影响民航正常运行的卫星导航系统干扰排查效率低和定位难的问题，在中国民航局无线电管理办公室的指导下，著者团队在国家自然科学基金委和中国民航局联合资助的重点项目"新型干扰对 GNSS 民航应用的影响评估和空地协同分级检测与定位技术"的支持下,开展了卫星导航系统干扰的监测与定位相关的一系列研究工作。

我们提出了与民航运行紧密结合的空空与空地联动的三级卫星导航系统干扰监测与定位解决方案,其总体技术方案如图 8-1 所示。该方案包含基于空中运输航空飞机、空中无人机、地面三种平台的由"监测与粗定位"到"检测与精定位"再到"查证"的空地协同 GNSS 干扰分级检测与定位系统。

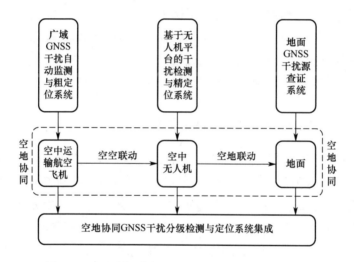

图 8-1　卫星导航系统干扰监测与定位总体技术方案

首先在广阔的地域范围(如全国范围或几个省级行政区域范围)内分析空中运输航空飞机在日常运行中所获取的飞行大数据,对与卫星导航信号质量密切相关的数据进行监测,监测每个航班卫星导航信号质量显著下降的时间和位置,并根据这些位置的空间分布规律,对卫星导航信号干扰源的位置进行粗定位。粗定位为干扰源的排查提供了引导,大幅缩小了排查的范围,提高了干扰源排查的效率,降低了干扰源排查的成本。

由于多种随机因素的影响,利用空中运输航空飞机飞行大数据进行的干扰源粗定位通常只能定位到干扰源附近一定范围的位置,还无法精确地找到干扰源。因此第二步在干扰源粗定位位置的引导下,使用基于无人机平台的干扰检测与精定位系统对干扰源进行精定位。使用地面设备排查卫星导航系统干扰往往效果不佳的一个重要原因是，地面设备常会受到地面障碍物遮挡与信号反射的影响，这些影响严重干扰了对信号来向的判断。此外，同一干扰源在空中的干扰情况和在地面的干扰情况经常是不同的。使用无人机进行干扰源精定位有效克服了地面排查的上述问题。另外，由于地球是一个球体，地面排查信号测试还会受到无线电传播视线距离范围的影响，只能探测到视线距离范围内的信号。我们都知道站得高看得远，高度越高，无线电传播视线距离范围越大，由于无人机可以升高到一定的高度，因此可以探测到距离很远的干扰源。

最后，空中无人机将干扰源精确定位到很小的范围后，就可以与地面排查设备相配合，对干扰源进行查证与关停。

下面具体介绍卫星导航系统干扰的监测与定位方法。

8.3.1 卫星导航系统干扰的监测

民航空中运输航空飞机在空中飞行时，空中交通管理单位主要通过航管二次监视雷达和航管一次监视雷达对飞机进行监视。ADS-B 作为雷达监视的有效补充，已成为监视民航飞机的重要技术手段。ADS-B 机载设备将飞机的当前位置、速度、航向、身份等状态信息，通过空地数据链传输到 ADS-B 地面站，布设于不同地点的 ADS-B 地面站再将接收的飞机信息汇总到信息中心，即可实现对飞机的有效监视。在 ADS-B 系统中，飞机的位置信息是以广播的方式发出的，这就是 ADS-B 系统中 B 的含义。在 ADS-B 系统中，机载设备发出的飞机位置信息可以有多个不同的来源，而飞机通过卫星导航系统获取的定位信息，是 ADS-B 系统飞机位置信息的主要来源。

民航飞机在接近卫星导航系统干扰源时，其 GPS 接收机很可能会受到干扰，从而导致机载 GPS 接收机失效或定位结果存在偏差。这一影响反映在 ADS-B 系统获取的飞机航迹上，就是飞机在干扰源附近会出现航迹断裂或航迹偏移的现象。根据 ADS-B 系统获取的飞机航迹断裂或偏移的起始和结束位置，即可得到那些航班机载卫星导航系统受到干扰及受到显著干扰的起止位置。

此外，还可以根据 ADS-B 系统获取的飞机航迹，进一步分析航班在不同飞行阶段的航迹特征，通过受干扰航班与正常航班航迹特征的差别，监测航班卫星导航系统受到干扰的情况。

民航是有着高可靠性要求的卫星导航系统应用领域，对卫星导航系统的精确性、完好性、可用性、连续性等有更高的要求，因此民航飞机也会实时监测其通过卫星导航系统所获取的位置信息的质量。ADS-B 系统在把飞机位置通过广播方式发送到地面的同时，也会把对应的导航质量指标发送到地面站。根据 ADS-B 系统获取的飞机航迹数据，还可以进一步分析其对应的导航质量指标的变化，获知航班卫星导航系统所受干扰的情况，并得到航班受到显著干扰的起止位置。

利用由 ADS-B 数据获取的不同航班卫星导航系统受到显著干扰的起止位置在空间与时间上的集中程度和分布规律，以及航迹断裂、航迹偏移、导航质量指标的波动规律，即可实现对卫星导航系统干扰的监测，获知航班卫星导航系统受干扰较多的区域和时段。

可进行卫星导航系统干扰监测的另一类飞行数据是快速存取记录器（Quick Access Recorder，QAR）数据。飞机飞行过程中的重要数据会记录在黑匣子中，黑匣子中的数据不易读取，为方便访问飞机飞行过程中的数据，QAR 应运而生。飞机飞行过程中的重要数据也会记录在 QAR 中，在飞机降落后，这些数据可以自动传输到相关的信息中心。

QAR 数据中同样包含航班的航迹数据及与航班卫星导航系统相关的导航质量指标数据。与 ADS-B 数据类似，利用由 QAR 数据得到的航班航迹数据和导航质量指标数据，同样可以得到机载卫星导航系统受到干扰的航班和航班受到显著干扰的起止位置，并对不同区域、不同时间卫星导航系统受到干扰的情况进行监测。

8.3.2 基于空中运输航空飞机 QAR/ADS-B 飞行大数据的干扰源粗定位

干扰排查需要找到干扰源的准确位置。利用 ADS-B 数据或 QAR 数据对卫星导航系统干扰进行监测，可以获知卫星导航系统干扰集中的区域和时段。然而，一方面，干扰监测获知的干扰集中区域往往范围很大；另一方面，受干扰集中的位置常常并不是干扰源所在的位置。因此，为了快速排查卫星导航系统的干扰源，还需要对 ADS-B 数据或 QAR 数据进行进一步分析，对干扰源的可能位置进行粗定位。

著者团队开展了利用 QAR 数据或 ADS-B 数据进行卫星导航系统干扰源粗定位的研究，通过机会飞行数据分析和借鉴鲁棒传感器阵列信号处理理论对干扰源位置进行了粗定位，并申请了国内最早的两个相关发明专利。基于空中运输航空飞机飞行大数据的干扰源粗定位的结果示例如图 8-2 所示。

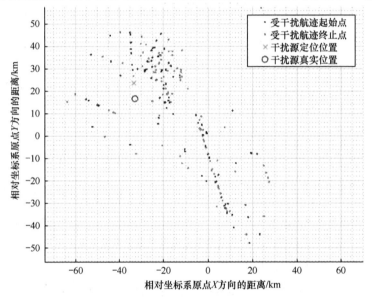

图 8-2　基于空中运输航空飞机飞行大数据的干扰源粗定位结果示例

虽然因为各种随机因素的影响，利用空中运输航空飞机的飞行大数据进行干扰源粗定位还不能定位到干扰源所在的精确地点，但已能将干扰源锁定在较小的范围内，为后续利用无人机平台进行干扰源精定位提供了充分的引导，从而有效减少了单纯使用无人机排查所需的排查时间与成本。

利用空中运输航空飞机的飞行大数据进行干扰源粗定位，有时还会有一些特殊的情况。例如，卫星导航系统受到干扰的航班数量有限且受干扰位置集中在机场附近较小范围内，这种情况下一般粗定位方法会存在显著定位偏差。对于这类实际案例中多次出现的特殊情况，我们利用无线电干扰信号可见性的规律，也给出了适用此特殊情况的有针对性的粗定位方法。

8.3.3　基于无人机平台的干扰源精定位

利用无人机平台进行干扰源精定位进而排查干扰源，也是低空经济中无人机的应用场景之一。使用无人机在空中侦测干扰信号，可以有效避免或减少地面建筑等障碍物对信号的遮挡和反射，这等效于架高天线增大无线电视线距离而探测到更远距离的信号，还可利用航拍获得地面不易或不便到达的区域的影像。

针对卫星导航系统干扰源的排查，著者团队研制了基于无人机平台的干扰检测与精定位系统，如图 8-3 所示。该系统已成功排查了多个干扰民航飞机卫星导航系统正常工作的干扰源。

图 8-3　基于无人机平台的干扰检测与精定位系统

图 8-4 和图 8-5 分别展示了基于无人机平台的干扰检测与精定位系统侦测得到的干扰信号频谱和干扰排查过程中无人机平台的航拍图。经过无人机平台的几次测试，最终排查到干扰源位于一个厂区内，如图 8-6 所示。排查工作人员到达厂区后，因厂区封闭无法进入搜索 GPS 干扰源，于是采用无人机升空测试取证。

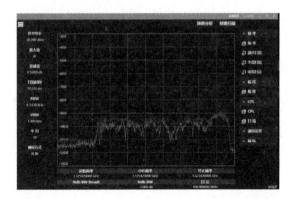

图 8-4　基于无人机平台的干扰检测与精定位系统侦测得到的干扰信号频谱

图 8-5　干扰排查过程中无人机平台的航拍图

图 8-6　排查到的干扰源所在位置

　　为了使用无人机平台更准确高效地排查卫星导航系统干扰源，我们针对干扰和欺骗这两类不同的卫星导航系统干扰的检测和基于无人机平台的干扰源精定位，还开展了一系列研究工作。

8.4 卫星导航系统干扰的检测与抑制

GNSS 中的干扰通常具有较高的功率，以至于干扰功率经接收机解扩后仍大于信号功率，导致接收机无法捕获到卫星信号。利用功率的特点，导航接收机较容易进行干扰检测。干扰抑制又称干扰消除技术，可以使受害接收机恢复导航定位能力，因而更为重要，大致可分为以下三大类。

1. 时域/频域滤波

时域/频域滤波方法是最早出现的卫星导航系统抗干扰算法之一，具有成本低、简单易行的优点，一般应用于普通接收机抗干扰。但是，由于其缺乏在空域上区分有用信号和干扰的能力，无法对付大量的窄带干扰和宽带干扰。

2. 空域滤波

空域滤波方法利用自适应天线阵列在空间上区分卫星信号和干扰的来向，已成为卫星导航系统抗干扰的有效手段，主要包括两大类，如图 8-7 所示。一种空域滤波方法仅抑制干扰，即天线阵方向图的零陷对准干扰信号，如图 8-7（a）所示，典型的算法是最小功率算法；另一种空域滤波方法在抑制干扰的同时，保证天线方向图的主瓣对准卫星信号，如图 8-7（b）所示。著者团队提出的基于卫星信号周期重复特性的抗干扰算法和基于解重扩的抗干扰算法，都不需要知道卫星信号来向信息即可形成这种天线波束，属于盲自适应波束形成技术。

基于卫星信号周期重复特性的抗干扰算法利用了卫星信号扩频码周期重复且已知的特性来增强卫星信号，然后采用 CLEAN 算法或 RELAX 算法估计卫星信号来向，并形成指向估计卫星信号来向的多个波束。该方法能在抑制干扰的同时使天线方向图的主波束指向卫星信号来向，但当阵列存在误差（如幅相误差和阵元位置误差等）时性能有所下降。

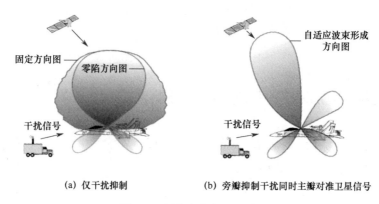

(a) 仅干扰抑制　　　　　(b) 旁瓣抑制干扰同时主瓣对准卫星信号

图 8-7　空域滤波阵列方向图

基于解重扩的抗干扰算法利用的解扩重扩技术源于通信中针对 CDMA（码分多址）系统的最小二乘解扩重扩多目标阵列，即用每个用户的扩频码和接收的信号做相关，估计每个用户的码位信息，然后利用该扩频码对估计的码位信息进行重新扩频，以重新扩频后的信号作为自适应波束形成器的参考信号来更新加权矢量，从而形成对准每个用户的多个波束。由于 GNSS 信号也采用 CDMA 体制，因此可以应用解扩重扩技术进行盲自适应波束形成；但和一般的 CDMA 信号不同，GNSS 信号很弱，干扰存在时可能使相关器失效。因此，基于解重扩的抗干扰算法是一个二级处理器，其原理框图如图 8-8 所示。第一级将天线阵列接收的信号向干扰正交补空间投影，以消除干扰信号；第二级首先对投影后第一个天线的输出信号进行捕获、跟踪，重构第 l 个卫星信号，然后计算该信号与投影后信号的样本互相关矢量，并以该矢量作为加权矢量来增强第 l 个卫星信号。该算法无须知道阵列流形和卫星信号来向信息，稳健性较高，且具有高增益。

图 8-9 给出了上述几种不同盲自适应干扰抑制方法阵列方向图的比较。各子图中垂直的实线代表卫星信号来向，垂直的虚线代表干扰信号来向。比较各子图可知，这些方法都能抑制干扰，但最小功率算法对每个卫星都不能提供增益，而基于卫星信号周期重复特性的抗干扰算法和基于解重扩的抗干扰算法可以产生多个主瓣对准卫星信号的波束，每个波束对准一颗卫星，使算法具有高增益。我们研制了基于后两种算法的数字多波束抗干扰实时处理系统，该系统及实验场景如图 8-10 所示。

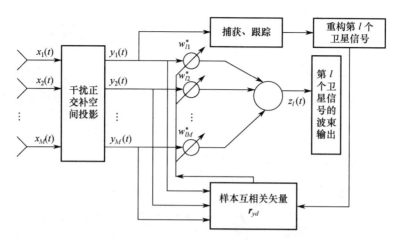

图 8-8   基于解重扩的抗干扰算法原理框图

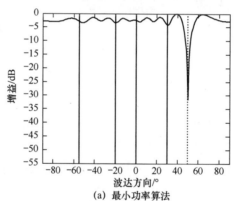

(a) 最小功率算法

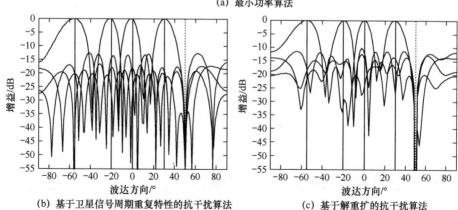

(b) 基于卫星信号周期重复特性的抗干扰算法   (c) 基于解重扩的抗干扰算法

图 8-9   不同盲自适应干扰抑制方法阵列方向图比较

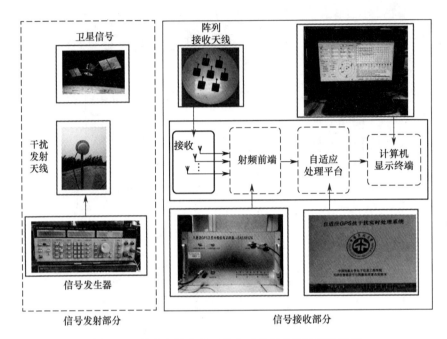

图 8-10　数字多波束抗干扰实时处理系统及实验场景

3. 空时域联合滤波

当干扰数目多且种类复杂时，纯空域处理由于不能提供足够多的自由度，干扰抑制性能下降。空时自适应处理（Space Time Adaptive Processing，STAP）在不增加阵元数的前提下，通过增加时间抽头来增加自适应滤波系统的自由度。将 STAP 应用于 GNSS 干扰抑制中，我们提出了空时解扩重扩、空时降维处理的零陷加宽等算法。但空时域处理在整个处理带宽上的频率响应不一致，将导致卫星信号失真，使阵列输出和本地信号间的互相关函数出现主瓣展宽、互相关峰值偏移等现象，影响 GNSS 信号的捕获、伪距的测量及用户位置的确定，对此我们提出了基于同态滤波的均衡补偿算法。

8.5　卫星导航系统欺骗的检测与抑制

欺骗的隐蔽性与危害性比干扰更强，其功率水平、信号格式及频谱结构均与真实卫星信号相似，可以诱导目标接收机在毫无意识的情况下锁定在欺骗信号上，导致目标接收机输出看似可靠、其实错误的 PNT 结果，甚至达到控制目标接收机的目的。图 8-11 示意了诱导式欺骗逐渐控制接收机跟踪环路的过程，图 8-12 给出了美国得克萨斯大学实采欺骗攻击进程中接收机相关器输出随时间的变化情况。

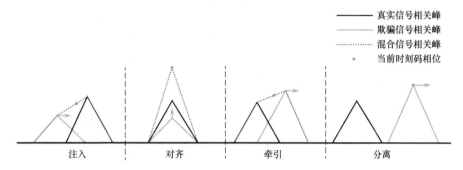

图 8-11　诱导式欺骗逐渐控制接收机跟踪环路的过程

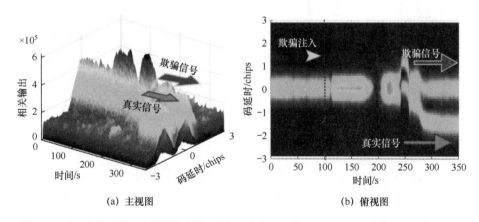

(a) 主视图　　　　　　　　　　　(b) 俯视图

图 8-12　欺骗攻击进程中接收机相关器输出随时间的变化情况（TEXBAT 数据集 ds4）

1. 基于信号特征的欺骗检测技术

由图 8-11 和图 8-12 可见，欺骗会在隐蔽注入后通过缓慢改变信号参数逐渐控制目标接收机，因此，在欺骗攻击各阶段，欺骗信号与卫星信号的特征不会完全相同，GNSS 接收机通过持续监视接收信号在处理过程中是否存在异常值，可以判断是否受到欺骗，包括：在射频前端和捕获阶段可进行自动增益控制（AGC）输出检测、载噪比（CNR）检测、信号功率检测、多相关峰检测等；在跟踪阶段可进行多普勒频率检测、码相位检测、基于 IQ 支路相关输出值的信号质量监视（Signal Quality Monitoring，SQM）、多频点参数一致性检测等；在数据解算阶段进行接收机自主完好性监控（Receiver Autonomous Integrity Monitoring，RAIM）、导航数据一致性检测等（见图 8-13）。此外，将信号特征与机器学习方法相结合也可以实现欺骗检测。

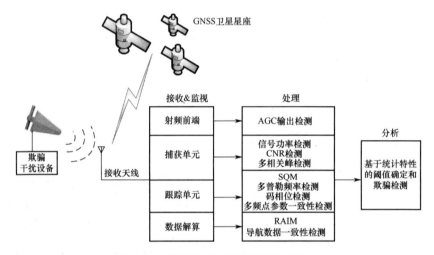

图 8-13　基于信号特征的欺骗检测技术

2. 基于空间特性的欺骗抑制技术

卫星信号来自不同方向且动态变化；而欺骗信号一般由同一设备产生，即使是具有多个发射天线的欺骗设备也难以模拟卫星信号的多方向性，因此，欺骗信号的空间相关性明显高于卫星信号。我们利用天线阵列，通过在欺骗信号来向处形成零陷的方式来消除欺骗，提出的基于空间特性的欺骗抑制算法示意图如图 8-14 所示。

对于单个欺骗源的干扰环境，我们采用基于波束形成的欺骗抑制算法。由于欺骗信号包含多个伪随机码且由同一设备发射，在空间上欺骗源方向辐射的信号能量最大，在已知阵列流形（阵列流形记录了每个阵元接收信号的幅度和相位的差异）的情况下，常规波束形成方法可以估计出欺骗信号的来向，进而构造出干扰正交投影矩阵。将阵列天线接收的信号向该空间投影，可以实现欺骗抑制。

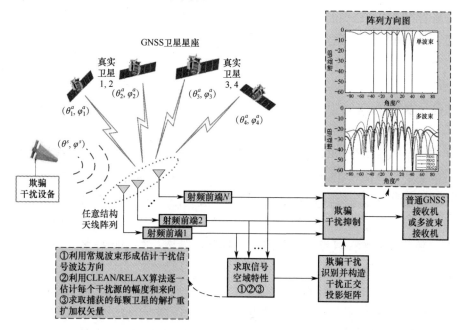

图 8-14　基于空间特性的欺骗抑制算法示意图

　　针对多欺骗源的干扰环境，我们采用基于信号分离估计的欺骗抑制算法。先利用 CLEAN 算法或 RELAX 算法逐一估计每个干扰源的幅度和来向，并利用干扰源方向功率辐射大于真实卫星信号的特点识别干扰源的数目，再利用估计的全部干扰来向构造干扰正交投影矩阵，将阵列天线接收的信号向该矩阵投影，以实现干扰抑制。对于干扰抑制的数据，可以取一路直接送入普通接收机进行捕获、跟踪和定位解算，相当于单波束的情况；也可以继续使用信号分离估计理论逐一估计每个真实卫星信号的来向，并利用估计的真实卫星信号来向进行多波束形成，以获得阵列信号处理增益。

　　针对多欺骗源及干扰与欺骗共存的复杂干扰环境，我们采用基于解重扩的多类干扰联合抑制算法。由于解扩重扩加权矢量具有正比于信号导向矢量的特性，因此欺骗对应的解扩重扩加权矢量具有高度的空间相关性。利用这一特点，首先求取捕获的每颗卫星（可能是卫星信号，也可能是欺骗信号）的解扩重扩加权矢量，判断加权矢量之间的相关性并将相关性高的标记为欺骗加权矢量，进而利用向干扰正交补空间投影和多波束形成进行干扰抑制，并保证真实卫星信号无失真通过。该方法无须已知阵列流形，对阵列流形误差不敏感。

8.6 本章小结

卫星导航系统干扰和欺骗是低空经济安全发展必须面对的技术挑战。除了本章讨论的卫星导航系统机载端欺骗，还有可能对无线电地空通信链产生欺骗干扰，导致地面接收机产生虚假的航迹，甚至使地面接收机饱和。本章介绍了著者团队在基于民航飞行大数据分析来监测和定位干扰源方面所做的工作，以及提出的各种干扰和欺骗检测与抑制技术，对低空经济安全治理有重要借鉴作用。

此外，本章讨论的 GNSS 干扰监测和粗定位技术主要利用运输航空飞行大数据，随着低空经济的快速发展，大量低空航线用于低空飞行，低空飞行器获取的 GNSS 信号质量数据也可以与运输航空飞行大数据一起用于干扰的监测和粗定位，可望有效提升对 GNSS 干扰的监测范围与定位能力，而不仅仅覆盖民航航路和机场周边区域。

延伸阅读资料

① WU R B, WANG W Y, LU D, et al. Adaptive Interference Mitigation in GNSS. 图书（Springer），2018 年.

② 吴仁彪，王文益，卢丹，等. 卫星导航自适应抗干扰技术. 图书（科学出版社），2015 年.

③ FERNÁNDEZ-HERNÁNDEZ I, WALTER T, ALEXANDER K, et al. Increasing International Civil Aviation Resilience: a Proposal for Nomenclature, Categorization and

Treatment of New Interference Threats. 会议文章（The 2019 International Technical Meeting of The Institute of Navigation），2019 年.

④ 陈敏，马志坤，吴仁彪. 一种适用性广的 ADS-B 异常数据检测方法. 期刊文章（信号处理），2023 年.

⑤ 何炜琨，李志强，王晓亮.基于 ADS-B 导航完好性指标多级 GNSS 干扰监测方法. 期刊文章（信号处理），2023 年.

⑥ 李志强. 基于 ADS-B 质量指标的 GNSS 干扰监测方法. 学位论文（中国民航大学），2023 年.

⑦ 吴仁彪，王一鸣，王晓亮，等. 基于飞行大数据的鲁棒 GNSS 干扰源定位方法：CN113759392A. 专利，2023 年 8 月 18 日.

⑧ 王晓亮，王一鸣，吴仁彪，等. 利用 QAR/ADS-B 数据基于到达功率差的稳健 GNSS 干扰源定位方法：CN113740882A. 专利，2023 年 7 月 28 日.

⑨ 王晓亮，陈东余. 航班受干扰事件集中在机场附近时的干扰源粗定位方法：CN118465791A. 专利，2024 年 8 月 9 日.

⑩ GECAN A, ZOLTOWSK M D. Power Minimization Technique for GPS Null Steering Antenna. 会议文章（The 8th International Technical Meeting of the Satellite Division of The Institute of Navigation），1995 年.

⑪ WANG W Y, DU Q G, WU R B, et al. Interference Suppression with Flat Gain Constraint for Satellite Navigation Systems. 期刊文章（IET Radar Sonar and Navigation），2015 年.

⑫ LU D, WU R B, LIU H T. Global Positioning System Anti-Jamming Algorithm Based on Period Repetitive CLEAN. 期刊文章（IET Radar, Sonar and Navigation），2013 年.

⑬ 吴仁彪，卢丹，刘海涛，等. 基于单通道单延迟互相关处理的 GPS 干扰抑制方法：CN101819277B. 专利，2012 年 10 月 31 日.

⑭ 吴仁彪，卢丹，刘海涛，等. 基于多通道单延迟互相关处理的 GPS 干扰抑制方法：CN101776764A. 专利，2013 年 3 月 20 日.

⑮ LU D, WU R B. Blind Adaptive Anti-Jamming GPS Receiver Based on Power Minimization-Despread Technique. 期刊文章（Advances in Information Sciences and Service Sciences），2011 年.

⑯ 吴仁彪，卢丹，李杰，等. 基于解重扩的空时盲自适应 GPS 干扰抑制方法：ZL201019102025.1. 专利，2010 年 8 月 11 日.

⑰ 吴仁彪，张瑞华，贾琼琼，等. 一种基于解重扩算法的 GNSS 矢量接收机抗干扰方法：CN107179540A. 专利，2017 年 9 月 19 日.

⑱ 卢丹，葛璐，王文益，等. 基于空时降维处理的高动态零陷加宽算法. 期刊文章（电子与信息学报），2016 年.

⑲ 吴仁彪，徐如兰，卢丹. 基于同态滤波的 GPS 空时自适应处理补偿技术. 期刊文章（中国科学：物理学 力学 天文学），2010 年.

⑳ ZHANG L J, WANG L, WU R B, et al. A New Approach for GNSS Spoofing Detection Using Power and Signal Quality Monitoring. 期刊文章（Measurement Science and Technology），2024 年.

㉑ WANG W Y, HOU Y L. GNSS Induced Spoofing Detection Based on Dynamic 3-D Correlation Function. 期刊文章（IEEE Transactions on Instrumentation and Measurement），2024 年.

㉒ 王璐，张林杰，吴仁彪. 功率监测与 SQM 融合的 GNSS 欺骗干扰检测. 期刊文章（信号处理），2023 年.

㉓ 王文益，侯迎龙，史文浩. 基于 SQM 相关性的 GNSS 诱导式欺骗检测. 期刊文章（信号处理），2024 年.

㉔ 朱瑞晨，王文益. 基于 SCS 的多星联合诱导式欺骗检测算法. 期刊文章（现代电子技术），2023 年.

㉕ 卢丹，殷亚强. 基于 CS-C-SVM 的多参数 GNSS 欺骗干扰检测. 期刊文章（信号处理），2022 年.

㉖ ZHANG Y T, WANG L, WANG W Y, et al. Spoofing Jamming Suppression Techniques for GPS Based on DOA Estimating. 会议文章（2014 China Satellite Navigation Conference），2014 年.

㉗ ZHANG Y T, WANG L, WANG W Y, et al. Spoofing Interference Suppression for GNSS via Estimating Steering Vectors. 会议文章（2015 China Satellite Navigation Conference），2015 年.

㉘ 王璐，李素姣，张耀天，等. 利用周期重复 CLEAN 的 GNSS 欺骗式干扰抑制算法. 期刊文章（信号处理），2015 年.

㉙ 张耀天. 基于多天线技术的 GNSS 欺骗式干扰抑制算法研究. 学位论文（中国民航大学），2015 年.

㉚ 吴仁彪，王璐，张耀天，等. 基于解重扩技术的多类卫星导航干扰抑制方法：CN104330808A. 专利，2015 年 2 月 4 日.

㉛ 王璐，吴仁彪，王文益，等. 基于多天线的 GNSS 压制式干扰与欺骗式干扰联合抑制方法. 期刊文章（电子与信息学报），2016 年.

㉜ 包莉娜，吴仁彪，王文益，等. 两级结构的卫星导航压制式和欺骗式干扰联合抑制算法. 期刊文章（信号处理），2015 年.

㉝ 吴仁彪. 卫星导航自适应干扰抑制研究新进展. 大会特邀报告（第八届中国卫星导航年会，上海），2017 年 5 月 23 日.

㉞ 吴仁彪. 基于跟踪环路的多径和欺骗式干扰抑制技术研究. 大会特邀报告（第十届中国卫星导航年会，北京），2019 年 5 月 22 日.

㉟ 吴仁彪. Adaptive Interference Mitigation in GNSS. 大会报告（巴西国际航空大会 XVIII SITRAER，巴西利亚），2019 年 10 月 22 日.

㊱ 吴仁彪. 基于飞行大数据的卫星导航干扰检测与定位技术. 大会报告（中国仪器仪表学会图像科学与工程分会学术大会暨 2023 年会，武汉），2023 年 12 月 16 日.

㊲ 吴仁彪. 卫星导航干扰监测、定位与抑制技术. 大会报告（中国仪器仪表学会第二十五届青年学术会议，天津），2024 年 5 月 12 日.

第 9 章

未来低空智能飞行服务和
保障技术

9.1 引言

未来低空智能飞行规则和服务保障系统架构均还在探索阶段。本章将介绍 2024 年由无人系统规则制定联合体（Joint Authorities for Rulemaking of Unmanned Systems，JARUS）发布的《低空空域环境自动化白皮书》。该白皮书由 JARUS 的自动化工作组在前期概念研究工作组奠定的基础上，深入探讨了低空空域环境中的自动化问题，涵盖了飞行规则、空域结构、基础设施、技术成熟度等多个方面，并为无人机安全地融入空域和机场环境给出了技术、安全及运行要求方面的建议。本章还将简单探讨未来低空空管系统的架构及实施策略。

9.2 飞行规则

1. 空中交通管理变革

空中交通管理（Air Traffic Management，ATM）的核心在于实时感知空中交通态势并制定决策，既要保障航空器运行效率，又要确保航空器与其他航空器或障碍物保持安全间隔。这一目标的达成需要系统性支撑：通过飞行轨迹监控与调度指挥预防潜在冲突，建立高效的空地信息通信机制，为飞行员和管制员提供精准的态势感知与决策支持，并具备完善的应急处置预案。值得关注的是，未来空域生态将呈现多元化发展趋势：既有传统机组执飞、单人驾驶、远程遥控等不同操控模式的航空器，也将出现新型驾驶形态的飞行载体，各类航空器所搭载的自主化系统与地面基础设施的智能化水平呈现梯度差异。随着电动化推进与替代燃料应用范围的扩大，航空器性能参数与航程能力将呈现显著分化，这对 ATM 系统与机场设施都提出了适应性改造需求。新型航空作业主体将形成立体化运行格局，涵盖低空领域的城市空中交通、平流层高空平台系统、超声速飞行器乃至航天运载工具的常态化空天协同运行。

随着空域用户数量与类型的预期增长，现行以人工操作为核心的空中交通管制体系若继续依赖传统作业模式，既无法通过严苛的限制措施实现规模化管控，也难以通过单纯增加资源投入来有效支撑如此庞大且多样化的交通流量管理。空域作为有限资源，短期内对不同类型用户的物理隔离虽具可行性，但长期如此将导致空域容量受限并降低现有用户的使用权益，这显然与可持续发展目标相悖。要维持或提升运行效率，必须推动空域用户群体的深度整合。这预示着管控模式将发生根本性转变：从当前"人主系统辅"的决策支持体系，演进为"系统主导"的自动化常规任务执行架构。与此同时，单个管制员可能需要统筹管理多架远程操控航空器而非单一航空器。这种变革要求对现行飞行规则的基础性假设及空域管理机制进行系统性重构，以确保在公平分配空域资源的前提下，持续维持运行安全与效率的动态平衡。

现行空域体系亟需系统性革新，既要提升空域资源可及性——特别是面向新型航空作业主体的准入便利性，又要在确保既有运行安全的基础上实现弹性扩展能力。未来空域与交通管理系统必须与新型航空器的商业化进程保持同步发展。在此过程中，将经历机载与地面自动化系统协同验证的过渡阶段，通过新旧体系并行运行的方式逐步替代现有管控环境。尽管在技术验证初期需要对新入市主体采取隔离运行模式，以此积累运行数据和建立监管信心，从而催生配套法规体系，但长期来看，应通过渐进式融合策略，在最大限度减少现有运行干扰的前提下，实现新兴空域用户与传统航空器在共享空域的有机协同。这种转型路径既需要技术可靠性的实证支撑，也考验着监管框架的包容性与前瞻性。

现行飞行规则的核心目标在于建立航空器安全间隔与导航标准，最大限度降低对空域其他使用者及地面人员财产的潜在风险。目视飞行规则（Visual Flight Rules，VFR）将操作环境与飞行员的视觉感知直接关联，赋予飞行员最大程度的航迹规划自主权。在此模式下，经专业训练的飞行员可依托目视环境观察，自主保持与周边航空器（作为指定间隔保障主体）、地形地貌及地面障碍物的安全距离。仪表飞行规则（Instrument Flight Rules，IFR）则借助驾驶舱仪表与地面导航设施的协同作用，突破气象条件限制，实现全天候空域准入。该规则体系通过与其他仪表飞行航空器及空中交通管制单位（作为指定间隔保障方）的协作，构建结构化运行环境，将环境监测数据转化为跨域多操作主体的决策依据，同时明确安全运行与间隔保持的责任归属。在此框架下，飞行员依托机载设备与空管雷达等地面系统（包括陆基导航设施）的协同配合，实现航迹安全管控，而管制员则通过实时监控提供飞行排序、危险天气避让等，共同维系空域运行秩序。

当前飞行规则体系建立在飞行员具备目视间隔管理能力（"看见并规避"原则）的基础之上，该能力适用于航空器、障碍物及地形规避。该体系既未允许通过"感知避让"等等效替代方案实现合规运行，也未针对超视距（Beyond Visual Line of Sight，BVLOS）运行无人机的安全间隔保障建立基于飞行规则的系统化解决方案。当前阶段，虽可通过豁免机制或特殊条款推动部分无人机仪表飞行运行，但这类临时性措施仍无法从根本上解决无机载飞行员实施目视导航与间隔保持的合规性难题。随着机载系统与地面基础设施自动化程度的提升，飞行员、管制员及操作员在安全间隔责任划分方面的角色定位与行为边界将发生根本性重构。这预示着高度自动化的空域运行环境必然要求对传统飞行规则进行系统性演进。为此，亟需探索建立支持自动化航空器运行的新型飞行规则体系，如自动飞行规则（Automated Flight Rules，AFR）与数字飞行规则（Digital Flight Rules，DFR），作为补充而非替代现有 VFR 与 IFR 的新型运行规范，通过分层递进的制度设计满足多元化航空作业形态的安全管控需求。

2. 监管环境

ICAO 针对新型航空作业主体的规范体系主要聚焦仪表飞行环境下非载客遥控驾驶航空器系统（Remotely Piloted Aircraft Systems，RPAS）的运行管理，这种框架既难以适应 AAM 所规划的协同运行需求，也无法将传统仪表飞行间隔标准直接套用于以小型无人机物流为代表的低空高密度城市空域场景。在 2021 年 ICAO 新冠疫情高级别会议后，各成员国明确要求该机构持续推进无人驾驶航空系统监管框架建设，并将其纳入全球空中航行计划（Global Air Navigation Plan，GANP）下的航空系统组块升级（Aviation

System Block Upgrades，ASBU）框架中。第 41 届 ICAO 大会期间，多国提交的工作文件（如 A41-WP/83、177、133、236、245、360、356、599 号文件）系统梳理了新型空域运行模式带来的挑战。基于会议成果，成员国敦促 ICAO 构建支持 AAM 运行发展与监管的顶层框架，并为此专门成立 AAM 专项研究组推进相关议题研究，标志着全球航空治理体系正加速向包容创新与运行安全并重的方向演进。

当前全球多个司法管辖区的监管机构已着手制定针对新型航空作业主体的属地化准入标准，但这一做法虽在短期内形成监管覆盖，实则沿袭了传统航空监管的碎片化路径。各辖区在规则设计过程中往往孤立处理新型运行场景，将既有体系框架的约束性要求直接移植于新兴主体，未能基于其运行特征与技术架构开展体系化考量。这种监管范式不仅难以适配城市空中交通、超视距无人机物流等创新场景的特殊运行需求，更可能因标准间的互操作性缺失而抑制行业创新潜能。

当前全球航空监管体系在无人机物流配送与 AAM 等新兴领域尚未形成统一规范，这种制度真空极易诱发监管路径碎片化，对制造企业与运营主体形成多重合规壁垒。鉴于传统航空器必须与新型航空作业主体共享空域的现实需求，加之部分传统航企对新业态的战略布局，监管重心应从被动适应转向主动整合。这种系统性整合亟需构建国际协同监管框架，依托数字化信息共享平台与自动化技术应用，在确保安全与运行效率的前提下实现规模经济效益。当前监管机构面临的核心挑战在于：针对低空高密度运行场景与高空作业领域的监管认证，既需要突破传统监管范式，更需要系统性补足技术评估能力与专业人才储备，这对全球航空治理体系的韧性提出了更高要求。

3. 未来空域特征

现行空域体系在应对新型航空作业主体时存在三重结构性缺陷：首先，运行主体无法实时获取其他空域用户的动态信息，所有态势感知数据集中于空管中心，迫使任何航迹调整均需通过集中式审批流程；其次，空域划设分类采用静态模式，过度依赖航空器装备等级与空中交通服务（Air Traffic Service，ATS）供给能力，既制约了空域资源动态调配效率，也无法适应新型作业能力与系统架构的演进需求；最后，更深层次的结构性矛盾在于，现有空域资源已逼近承载极限，气象扰动等突发状况频繁导致运行中断与流量管控。这些系统性短板不仅加剧了空域供需失衡，更暴露了传统架构在支持技术创新与运行模式迭代方面的深层掣肘——当新型航空器需要突破既定空域准入资质或运行规则时，往往会遭遇制度性适配障碍。

为突破现行运行模式的桎梏并满足空域用户日益增长的需求，空域体系亟需实施结构性变革。这一演进应包含三重核心转变：一是实现空域用户从信息孤岛向态势共享跨越，通过实时数据交互支撑任务安全高效执行；二是推动管控模式从"全流程审批"向"异常事件介入"转型，建立基于风险阈值的自主运行机制；三是重构空域划设逻辑，从固定分区转向综合考虑实时需求、装备水平与航空器性能的动态调配机制。动态空域管理体系将引入性能导向准入标准，既支持通过地面基础设施赋能基础型航空器，也允许高自主化装备直接参与空域协同，形成多层次运行兼容性。更为深层的变革在于管理架构的重塑——从依赖人力集中决策的传统模式，演进为依托自动化系统支撑的分布式运行网络，使每个操作主体在智能辅助下实现个性化空域资源管理，最终构建起弹性适配多元场景的下一代空域生态系统。

1）数字化信息共享

未来航空器技术能力的跃升将实现空域用户与服务提供方在飞行前及实时运行阶段的双向数据交互，共享包括飞行性能参数与实时运行状态在内的关键信息，由此构建基于动态性能分级的运行评估体系。这种变革的核心在于通过数字化手段精确传递航空器实时定位与运行意图数据——这些信息将根据技术迭代进程、监管规则演进、任务类型差异及机载与地面设备的协同能力，灵活选择在运行主体间、航空器间、运行主体与服务提供方之间进行多向交互。例如，高自主化航空器可能实现机群自主协商航路，而依赖地面支持的机型则通过服务中台获取协同指令，最终形成分层分类的信息共享网络。这种数据驱动的运行模式不仅支撑起精细化的空域资源调配，更将重塑从飞行计划生成到实时冲突解脱的全流程决策机制，为构建弹性自适应的空域管理体系奠定技术基础。

数字化信息共享与自动化技术将推动形成协同化程度更高的运行管理模式，实现飞行全阶段冲突解脱与防撞策略的有机衔接。与此同时，大量新兴运营商将具备通过交互式规划与运行意图协调实施战略级任务管理的能力。基于数字平台实时获取空域约束信息，可支撑多航空器战略级航路协调与空域容量动态平衡。第三方气象服务虽能辅助任务规划，但由于数据传输存在时延与精度局限，难以全面适配各飞行模态的安全保障需求。值得关注的是，在飞行性能要求严苛的运行环境中，为确保空域管理效能，需全程实时获取来自机载设备的温度、压力、湿度等大气参数，构建高时空分辨率的动态气象感知网络。这种技术演进将催生新型数据服务生态——既有服务供应商提供的战略级气象产品，也需融合航空器实时回传的战术级环境数据，形成分层递进的气象保障体系，从而突破传统气象服务在实时性与空间分辨率方面的瓶颈。

在低空运行环境下，操作员需在已知限制范围内自主负责安全管理飞行活动，无须持续接收来自空中交通管制或 UTM 的常规指令。在此情境下，操作员应持续与其他飞行单位或无人机交通管理服务提供商（Unmanned Traffic Management Service Provider，USP）（如具备服务条件）共享并实时更新飞行意图，以保障航线避让与轨迹安全间隔。自动化决策机制将覆盖全飞行阶段，具备必要技术能力和运行性能的操作单位可实现自主管理飞行活动，并协调与其他空域使用者间的交互关系。

在适用场景下，USP 需具备向无人机运营商及其他传统空域用户提供空域限制条件与其他航空器意图实时信息的能力。该服务提供商可协助完成飞行计划制订、意图共享、航空器冲突解除、运行状态监控等各类交通管理任务。类似广域信息管理（System Wide Information Management，SWIM）技术的共享信息能力应支持不同机载技术水平及自动化程度的空域用户间实现数据互通。在 NASA 近期发布的数字飞行规则相关研究报告中，亦提出多项基于 UTM 理念构建的系统功能。其倡导的数字飞行规则体系更适用于通过划定特定空域选择性规避传统交通流的新型运行环境，此类空域的架构设计将有效降低规则实施难度。

不同机型由于自身特性、机载设备及性能表现的差异，在确认其实际飞行轨迹是否符合运营方共享飞行意图的可信度层面存在显著差异。未来，相关系统将具备实时接收与分析运行中航空器传输数据的能力，生成包含实际飞行路径的概率化意图预测。通过标准化协议实现的数字化信息共享，可确保所有运营商实时获取空域用户动态及运行约束条件，从而构建协同化空域与流量管理体系。

2）非常规的管理

自主航空器及系统的最终实现形态需满足特定条件和要求。在机载与地面自动化技术逐步发展的过渡阶段，人工将逐步转型为系统监管者角色，主要负责制定系统运行的战略决策，而将需要快速反应和高度警觉的突发状况交由自动化系统处理。未来的自动化技术将聚焦识别无法自主解决的异常事件，并主动提示人工介入干预。随着系统功能自动化程度的深化，操作员在这类高度自动化环境中诊断复杂问题所需的专业培训与知识储备将面临新的要求，其能力结构需要与自动化系统的能力边界形成有效匹配。

3）空域分类的另一种方式——基于需求和性能的运行

现行空域分类体系最初服务于静态描述框架，每个空域类别对应特定的服务层级。在高度自动化的终局形态下，航空器将基于其机载设备配置与性能特征接受动态评估和运行管理，因此依据特定可用服务与必备设备进行划类的传统模式可能逐步淡出。当服务开发转向支撑实际运行需求（如间隔效率优化）而非围绕现有服务划分类别时，空域使用将呈现更强的动态性与灵活性。即使在既有空域类别内部，也可根据特定运行性能与合作规则的满足情况，将空域的特定子区域或专属区块分配至单一运行场景或组合运行模式。

4）角色、职责、行为和期望

随着未来自动化技术的进步及前文所述航空器性能与运行特点的发展，空中交通管制部门和运营方的职能定位将逐步转型。这一演变将遵循渐进路径持续推进——随着可应用自动化技术的空域范围不断扩大，系统用户数量逐步增长，各方在每个发展阶段都能更安全高效地进行协同运作。技术革新、数字化转型及数据应用将为提升系统运行效能创造新机遇，在减轻管制员和操作员工作负荷的同时，通过人机协同模式进一步强化运行安全与效率。转型进程的快慢取决于监管机构空中导航服务提供商（Air Navigation Service Provider，ANSP）、运营企业及用户群体对自动化技术的接受程度，需要充分验证自动化系统能够在日益繁忙的空域环境中，安全可靠地处理不同类型空域使用者之间的飞行排序与间隔调配等核心管制职能。

（1）空中交通管制的角色。空中交通管制的角色预计将逐步扩展为交通管理与协调、非正常情况处置等核心职能，这与当前管制空域内管制员主要承担指定间隔管理任务、通过发布指令和直接互动确保交通安全的传统模式形成明显转变。在这一背景下，管制工作将重点转向空域运行监督和非正常情况干预等关键领域。未来管制员的职责将包含在需要人工介入时进行综合决策权衡，这意味着亟需针对常规与非常规运行场景下的人机协作模式开展系统性评估研究。

（2）运营商的角色。未来操作员的职责将转向系统配置、运行权衡决策、优先级设定、风险管理及系统限制条件处理等核心领域，同时承担特情处置职能。在特定空域内，操作员可能被赋予非 VFR 运行的指定间隔责任方角色，需依据现行运行规程及新规要求，确保与其他航空器的融合运行。尽管操作员需对安全间隔承担主体责任，空中交通管制仍将保留类似当前某些空域（如部分 E 类空域中 IFR 与 VFR 航空器间无间隔服务）的安全监控职能，以应对突发情况或紧急事件。在此过程中，必须通过明确的操作规程界定各飞行阶段管制员与操作员的间隔责任边界，确保每个运行节点仅由单一责任主体实施间隔保障，避免职责重叠或真空。操作员除履行其他职能外，还将负责监督所属机队的运行状况，必要时对自动化系统无法处理的异常情况进行调查并采取应对措施。未来的自动化系统将具备处理海量数据的能力，可在正常或异常运行状态下为操作员提供保障航空器安全高效运行所需的必要信息支持，同时将具备对超出自动化处理能力的特殊状况生成警报提示的功能。

（3）安全的共同责任。未来航空运行模式的关键转变将体现为飞行航迹管控权限的重新分配及安全间隔权责共担机制的建立。基于航迹运行（Trajectory Based Operations，TBO）所采用的管理模式将成为常态，人工干预将退居次要地位。交通流量密度和空域复杂程度将成为决定间隔保障方式的核心因素，系统将根据实时态势智能调整运行策略。

4. 未来飞行规则

1）飞行规则和新兴空域用户

飞行规则涉及运营方的飞行区域、方式、职责范围、所需设备、须满足的性能标准，以及保障运行安全和效率所需的服务与支持体系。

随着空对空/地对空数字化信息共享与未来自动化技术的应用，传统由人工完成的空中间隔保持与导航认知流程将逐步被数字化流程替代。未来运行将呈现协同间隔管理特征，即运营方通过地面与机载自动化系统实现同周边航空器及障碍物的自主间隔保持。在此环境下，运营方与空管系统共同承担安全责任，通过飞行与流量决策的协调配合，结合适用的 UTM/ATM 体系，形成更具灵活性的运行模式，以提升空域使用效能。运营方将承担更多间隔管理职责与航迹自主权，而空管系统角色将从传统间隔管理者逐步转变为在预设应急场景下实施有限安全监控。运营方需在已知运行限制条件（如性能要求、可用航迹）范围内自主实施安全管理，无须依赖管制员的语音指令。未来运行环境中，空管将不再是空域运行信息的唯一来源，部分间隔管理职能将转移至运营方。

在此架构下，运营方通过数字化平台实时掌握运行环境全貌（包括限制区、障碍物、周边航空器）及气象信息（任务前预报与飞行中实时更新）。基于此背景，引入兼具 VFR 灵活性与 IFR 准入特性的新型增强型飞行规则（Enhanced Flight Rules，EFR）将有效支撑新型航空器规模化运行。该规则本质上是 VFR 的数字化升级版本，当具备该规则运行能力的运营主体达到规模临界点时，数字化 VFR 将逐步替代传统 VFR 在相关空域的应用。

目前大多数国家要求视距范围（Visual Line of Sight，VLOS）无人机必须为其他所有航空器让路。随着自动化技术发展，未来需要考量在协同空域管理环境下优先通行权规则是否依然适用，在此背景下，航空器的性能参数将发挥关键作用，包括速度与机动能力、目视观测能力及探测与被探测性能等要素。

EFR 的核心目标应是在满足最低运行标准的前提下，实现各类航空器在共享空域的安全运行。规则实施初期可采取隔离运行模式，在向最终形态过渡阶段，对于需要与 EFR 航空器共用空域的传统航空器，可能增设新型义务，如配备电子显形装置、接入无人机交通管理系统、实施远程身份识别及公开飞行意图与数据等配套要求。此外，在过渡期间特定空域运行的 EFR 航空器可能需要加装适配设备，以确保与传统空域用户的安全协同运行。

2）实施

待监管机构与业界共同完成 EFR 的初步提案后，可提交 ICAO 进行深度分析与评估（如作为 AAM 研究组的支撑材料）。下面所列内容为该提案提供了基准框架，同时明确了需要纳入考量的核心假设与实施要点。鉴于形成全球性共识需要遵循既定流程规则，应继续推进现行飞行规则框架下的近中期运行保障工作。EFR 提案需重点纳入若干核心议题，包括但不限于：①性能要求；②责任划分；③天气条件；④网络稳健性；⑤城市交通管理与 ATM 之间的接口；⑥适用的技术规范；⑦信息共享的数据处理；⑧人员培训。

为确保安全并验证新系统及新型飞行规则的性能，可在特定空域范围内采用并行运行模式。通过将管制员的诊断决策与新系统自动化结果进行比对分析，管理部门既能优化系统参数设置，也可将此作为运行验证阶段，实时观察自动化系统与空中交通的交互机制及其向管制员输出的信息质量。系统输出误差与允许误差范围的对比评估将同步展开，待系统性问题解决后，可逐步实施新型或简化飞行规则的分阶段部署，在必要时以渐进方式替代原有规则。

采用动态可调节的空中航路是实现运行类型适配并与传统航空器保持间隔的有效手段，此类航路在终端区的可变幅度需加以限制，尤其在 B 类、C 类（甚至 D 类）空域的初期应用阶段。动态空域或航路将根据环境因素（如风向、气象）、交通流量需求及机场运行状态进行实时调整，基于空域灵活使用模式构建的智能化管理体系，通过自动化系统实现全流程管控。在现有空域类别框架内，可依据特定性能标准与合作规则，临时划设专用空域单元或指定区域服务于特定运行类型。

3）空/地能力

航空器需配备自动化探测避让系统及机载应急管理功能，确保在通信中断时无须人工介入即可自主处置突发状况。针对需要快速决策而无法实施人工干预的特殊场景（此类情况应预先明确定义并制定完备的应急预案），还需配套开发应急响应能力与操作流程。对于超出自动化处理范畴的复杂事件，仍需依托操作员职责体系，借助航空器搭载的先进传感技术实施人工干预。确保航空器协同保持安全间隔的核心技术要素在于配置标准化电子显形通用组件。作为最后一道防线，航空器须具备自动避障功能，以应对突发或不可预测的空中交通冲突。航空器离场后若需重新规划航迹，战术冲突解脱机制应能应对运行环境的不确定性与动态变化。

不同类型的航空器（包括有人驾驶与无人驾驶）在共享空域时将呈现机载自动化水平、飞行性能及功能配置的显著差异。为满足空域运行需求，需要通过航空器与地面系统性能要求来推动相关技术的研发。为确保各类航空器运行安全，必须实现关键数据信息的数字化共享，特别是在实时定位与飞行意图传递方面。在此过程中，需要重点解决数据完整性与传输延迟等核心问题，以构建安全可靠的空域协同运行环境。

随着通信导航监视技术的革新与数据共享能力的持续突破，航空器间隔保障必须依赖外部系统完成的传统认知正在发生转变。在低空空域运行中，UTM 能够向操作端实时推送空域限制信息及周边航空器的动态信息；执行 IFR 的远程驾驶航空器（Remotely Piloted Aircraft，RPA），则需通过数据链持续向空管部门传输身份标识、飞行意图及遥测数据。这种双向信息交互机制的发展，预示着 ATM 与 UTM 体系将在未来形成技术融合，最终构建适应多元用户需求的综合化空中航行服务体系。

通过战略冲突规避与动态空域分配机制的实施，航空器运行将无须像现行模式那样依赖运营方与空管人员的持续干预。其核心理念在于要求使用动态空域的航空器必须配备相应自动化技术装备，同时这类特殊空域的边界将通过数字化方式精确界定。进出动态空域的权限将通过自动化系统协调完成，并接受数字化的授权管理。传统航空运营商可根据实际运营需求，选择加装技术设备以实现与动态空域的无缝衔接。符合特定空域航路运行性能要求的航空器数量持续增长，当多数空域使用者能够适应新型飞行程序与运行模式时，行业将迎来关键转折点。该转折点的确立需经全体空域使用方协商确认。

9.3 空域结构

1. 空域管理

现行空域分类体系主要基于所提供的服务类型［空中交通管制服务（Air Traffic Control Service，ATCS）、飞行情报服务（Flight Information Service，FIS）、告警服务（Alerting Service，ALS）及飞行规则类型（如 IFR、VFR）］来划分。正如前面飞行规则部分所述，受特定空域环境与航空器固有特性的限制，现有分类体系在适应超低空（Very Low Level，VLL）或高空飞行（High Altitude Operations，HAO）时存在兼容性问题。值得注意的是，某些国家的高空作业可能处于未定义空域层级的飞行高度，这种新型空域使用形态进一步凸显了当前分类体系的局限性。

数字化与基于性能的运行模式是未来航空系统的两大核心支柱。自动化作为这两大概念的关键要素，其应用方式与适用领域对于构建新型空域框架具有决定性作用，最终目标是实现空域分隔最小化。当前以人为核心的架构（自动化等级为 0～3）将逐步转型为以系统为核心的架构（自动化等级为 4～5）。无论提供何种空中服务，要提升整个航空系统的运行效能，关键在于确保空域使用者的自动化水平与空域允许的自动化等级保持协调统一。这种兼容性将直接影响新型空域框架的运行效率与安全冗余度。

随着自动化水平的不断提升，尤其在冲突管理领域，当前空中交通管制员与飞行员泾渭分明的职责划分可能逐渐向更具弹性的协作模式转变。正如前文所述，电子显形技术的一项或多项通用功能将促使所有航空器共同参与安全间隔保持，同时为地面系统提供安全支持窗口。航空器自动化系统与自动化冲突管理系统之间的交互为实现方式提供了广阔的可能，尽管空域使用者必须明确每架航空器及每个空域管理主体在保障空域安全方面的基础职责，但具体到特定时刻，安全责任的实际承担者将根据受管航空器当前运行能力的变化进行动态调整。

2. 监管环境

ICAO《国际民用航空公约》附件 11（空中交通服务）详细阐述了空中交通服务的总体范畴及各项服务的目标。鉴于无人驾驶航空系统的特殊性（其运行中既无机组人员也无乘客），结合基于风险划分的运行类别（A、B、C 三类），可能现有部分空中交通服务对这类航空器而言不再必要或无法适用，因此有必要重新审视该附件中部分服务目标的适用性。

尽管具体实施方式存在差异，但在所有 ATM 及 UTM 架构中，某些核心要素都具有贯穿各领域的共性特征。这些共性特征源于 ICAO 发布的《全球空中交通管理运行概念》（文件编号为 9854），其中涵盖空域组织管理（Airspace Organization and Management，AOM）、需求/容量平衡（Demand/Capacity Balancing，DCB）、机场运行（Aerodrome Operations，AO）、交通同步（Traffic Synchronization，TS）、冲突管理（Conflict Management，CM）、空域用户运行（Airspace User Operations，AUO）及 ATM 服务交付管理（ATM Service Delivery Management，ATM SDM）等多个方面。这些基础要素经过适应性调整后，能够为不同架构提供通用性支撑。

有人驾驶航空器与无人驾驶航空器在能力和性能层面存在显著差异，这要求构建兼具灵活性、可扩展性和可靠性的 ATM 系统，以全面适应各类运行需求。理想的系统架构需具备通用性设计特征，既能兼容多种机型，又能整合不同层级的机载与地面自动化技术。这种新型管理系统还需构建沟通桥梁，使运行于传统 ATM 与新兴 UTM、高空飞行等系统的航空器实现无缝衔接。从最优飞行轨迹到气象数据，飞行特征与环境条件的可预测性构成了所有系统交互的基础计算要素，为满足多元化需求提供了支撑。以基于轨迹的运作为例，这类方案为解决飞行冲突管理问题提供了切入点，其核心在于信息交互体系与自动化数据处理能力的深度融合，通过实时验证实际轨迹与预定航线的吻合度来确保运行安全。此类技术特性需与空域使用方的自动化水平相匹配，这也意味着空域分类体系必须将自动化程度作为重要的考量维度。

还有一个需要明确的核心要素是空中交通的分类界定：若航空器配备了防止与其他航空器碰撞的服务（冲突管理服务），则该类飞行应被归类为受管状态。若未提供冲突管理服务——无论是受航空器或飞行员的能力限制，还是出于运行性质的特殊要求——则该类交通均被视为非受管状态，这种区分直接影响空域运行规则与安全协议的制定标准。

在任何给定时刻，受管制的空中交通只能由一个明确可识别的间隔管理者（可以是人工与自动化系统的组合体）实施统一指挥。若单架航空器或单个航空器群组的运营方在其空域内承担对其他航空器的唯一间隔管理职责，则只有当所有运营方共享相同信息并达成协调运用这些信息来履行冲突管理职责的共识时，才能与其他运营方平等分担间隔责任。服务提供商可通过信息共享平台协助运营方，并向其他运营方传达飞行轨迹变更（飞行意图）。在这种角色分工体系中，所有参与方必须明确掌握间隔保障干预能力（冲突检测与解决能力）的责任归属——该能力会因干预主体是人工还是自动化系统而存在差异。在所有情况下，通过在各航空器上部署具备互操作性的防撞系统来应对间隔保障失效问题，都将有效提升空域安全水平。

3. 自动化等级划分

实现上述所有考量的关键在于自动化技术。虽然性能预期目标的设定独立于自动化能力，但可以预见，只有高度自动化才能实现优异的性能表现。JARUS 将自动化划分为六个等级（0 至 5 级）。为避免空域类别与子类别的过度细分导致整体复杂性上升，有必要对具有相似特征的自动化等级进行归类整合。为明确人机系统（或全自主系统）中具体由哪部分承担监管职责，进而确定责任主体，特别将认知能力与决策权界定为最关键的判定要素。基于这些参数，目前已确立三个自动化等级组（ALG）。

传统型（L）：在 0 到 2 级自动化程度下，安全融入空域所需的功能（如保持安全间隔、共享轨迹、管理轨迹）得以实现，并伴随有相应级别的人为监督。

机器辅助型（M）：在 3 级或 4 级自动化程度下，安全融入空域所需的功能（如保持安全间隔、共享轨迹、管理轨迹）得以实现，并伴随有相应级别的人为监督。

自动化型（A）：在 5 级自动化程度下，安全融入空域所需的所有功能（如保持安全间隔、共享轨迹、管理轨迹）均已实现自动化。同时，有明确的人工职责来管理系统等级任务。

4. 未来空域特征

为保障航空器协同运行的安全性，空域结构的设计需充分考量运行特性的可预测或不可预测特征、空中交通类型的受管状态与非受管状态，以及空域服务系统与空域用户自身自动化水平之间的匹配关系，这三个维度的相互作用将直接影响飞行安全效能。

1）交通环境考虑因素

空域交通环境是现行管理理念实施的基础，其核心在于已知与未知交通环境之间的差异。在已知环境中，所有航空器均具备协同能力，ATM 系统及空域使用者能够持续掌握空域内航空器的运行态势。而未知环境中的航空器可能不会向 ATM 系统或其他空域用户主动更新位置信息。交通环境的这一特征至关重要，因为已知的空中交通状况是相关人员实施航空器间隔管理及其他服务的前提（无法向未与 ATM 系统建立通信的航空器提供服务）。随着新型服务体系的研发部署（如 UTM/U-Space 框架），空域环境的可知性将逐步提升，典型例证即 CORUS 空域分级制度（X、Y、Za、Zu 等级）在服务推广中的具体应用。

2）空域环境冲突管理的考虑因素

向空域用户明确传达可用服务信息是确保安全运行规划的关键所在。冲突管理环境的类型与性质作为决定空域安全保障方式的核心要素，必须在任务规划前向所有运营商公开相关信息。同时，对于未提供服务的空域或出现服务中断的区域，必须确保相关信息易于获取且表述清晰易懂。

3）环境划分的考虑因素

随着 ATM 技术的进步及自动化服务的逐步推广，预计未来可能通过划分设备类型、自动化等级或航空器类别等方式对空域交通实施隔离运行，以评估系统性能并实现可预测的交通流量管理。在评估隔离运行环境时，核心问题在于确保划设的隔离标准（如空域航路边界）能在所有运行环节得到清晰界定与严格遵循。用于支持隔离运行的技术手段（如地理围栏技术、最低导航性能标准）需制定明确的实施细则，并对潜在突发情况建立应对预案，以避免在此类特殊运行场景中对航空安全造成次生风险。

4）临时解决方案的考虑因素

重新设计空域是一项需要审慎对待的系统性工程。传统空域分类体系经过多年发展已形成支持日常运行的基础框架，在理解和融合颠覆性技术以实现新型高效运行模式的同时，必须审慎考量如何与传统系统实现有机协同。在空域划设或空中交通服务提供方面，采取渐进式改进策略，可通过针对性优化（如新增专项服务）和精准施策（如协同追踪技术）来应对特定运行风险；而若采取拓展性发展路径，则能构建模块化运行架构（如设立临时限制空域），为全行业主体协同管控安全风险奠定基础。无论采取何种发展路径，相关解决方案都应着眼于构建清晰的运行效能预期，并明确空域终极形态下各类服务的定义与边界。

5）管制空域的考虑因素

在管制空域内，冲突管理服务（Conflict Management Services，CMS）为所有航空器提供间隔保障。只有能够以可预测方式与该服务协同运作的航空器（如遵循既定飞行规则）方可融入该空域体系。实现这种协同运作要求运营方既要明确该服务的自动化程度，也要根据安全高效运行需求确定自身运营所需的自动化水平。为此，每个自动化等级指南均可附加至现有空域类别［传统管制（Controlled Legacy，CL）空域、机器辅助管制（Controlled Machine-aided，CM）空域和自动化管制（Controlled Automated，CA）空域］。在融合不同自动化运行环境时（如希望进入 CL空域运行的 4 级自动化系统），需特别注意确保航空器设备与运行基础设施之间的互操作性，这是实现安全整合的关键要素。

6）非管制空域的考虑因素

在非管制空域，无论是可预测的航空器还是不可预测的航空器，均可运行。此类空域可能不提供 CMS（存在特殊情况，如在远离机场的超低空区域，虽属非管制空域，但设有协作式协同监视服务）。运行安全责任由运营方和飞行员共同承担。在实施初期，可能仅允许符合传统运行标准的系统在超轻型空域类别内运行，但随着技术的演进和能力的提升，部分具备机器辅助功能的系统也将获得运行许可。

5. 服务

为实现 ATM 的目标，相关服务将统一提供且不受空域自动化程度或用户设备水平的限制。这些服务本质一致，但具体实施方式会根据自动化等级进行调整。以 CMS 为例，其核心目标是将航空器与危险源之间的碰撞风险控制在可接受范围内，实际应用中服务提供方和用户特性将决定采用何种自动化等级的技术方案。在自动化等级分组框架下，同一空域内不同组别的航空器均可获得同等标准的服务（依据空域分类提供），但服务传递机制将适配各组的自动化水平差异。例如，低自动化组（L 组）的 CMS 模式与现行空管体系类似，这是由于 ATM 系统与航空器/飞行员之间的交互能力受限；而在配备人机协同服务设备的运行场景中，地面冲突管理系统将直接与机载系统进行自动化交互。

为解决飞行过程中系统互联互通及自动化等级可能发生变化的问题，需要建立相应的监测机制和应对程序，以便实时跟踪并响应各类服务与航空器自动化能力的动态调整。具体而言，需明确配备三级自动化水平的系统能否在专为 0～2 级设计的运行环境（CL 环境）中正常运作，这涉及判断系统是否需要主动降低其自动化等级，或要求协同管理能力本身已具备与 CL 环境实现跨等级互操作的功能设计。

另外，空域性能要求也需重点考量：CL 空域、CM 空域与 CA 空域的设计需兼容不同等级通信导航监视（CNS）系统的性能，以有效支撑航空器间隔保持的需求。当前遥控驾驶航空器系统中针对指挥控制链路（C2 Link）采用的性能框架［包括可靠性性能等级（RLP）、服务质量要求（QoSR）和服务水平协议（SLA）］，为评估各类服务如何协同保障间隔保持提供了基准参考。同时，面向自动化空域环境的服务性能要求，还可通过系统理论过程分析（STPA）等方法进行系统性推导，这为构建符合安全运行需求的性能指标体系提供了理论支撑。

6. 间隔保持

在自动化航空运行中，明确特定空域内航空器间隔责任主体的问题仍具有关键意义。ICAO 的运行概念指出，"ATM 系统将最大限度减少对用户运行的限制，因此除非基于安全考量或系统设计要求必须由空管提供间隔服务，否则默认的间隔责任方应为空域用户"。当 ATM 系统出于安全或设计原因（如航空器运行密度增加）判定需要提供间隔服务时，并不意味着空域用户仅凭申请即可成为间隔责任主体。就安全因素而言，已明确空域用户因安全考量不具备承担间隔责任的资格；就系统设计而言，基于提升空管系统性能的考虑，认定空域用户并非最优选择。需要说明的是，这并不排除在某些特定情况下将间隔责任委托给空域用户的可能性，相关条款在间隔服务类型和责任委托机制中确有体现，但此类情况必须属于系统设计范畴，即通过预先制定的程序规范具体实施条件与方式。

ICAO 的相关概念明确指出，"间隔职责可进行临时性委托，但此类委托仅具有暂时性特征"。对于此类职责委托的实施，组织架构中设有明确的操作规范。需要特别指出的是，在委托终止条件达成前，预设"交还"间隔职责的设想缺乏合理性依据。尽管存在通过协商实现提前终止的可能性机制，但这并不构成必然性保障。相关责任主体在接受委托授权的同时，即意味着对委托期限完整性的全面承诺。

在 ICAO 的概念框架中，"在间隔模式的发展过程中，制定间隔标准时必须将间隔提供干预能力纳入考量"。

间隔提供方可以是空域用户、服务提供商或自动化系统。其中"间隔提供干预能力"特指人员或系统所具备的检测与解决飞行冲突、执行并持续监控解决方案的综合能力。该概念的核心要义在于根据具体运行情境，选择最适宜的间隔保障主体，确保 ATM 效能在不同运行场景下达到最优配置。

9.4 基础设施

1. 航空基础设施

实现规模化自动化航空运营需要重点考虑配套航空基础设施的建设与完善。传统航空运营依赖多种基础设施来执行飞行、导航、通信与集成任务，这些设施包括气象观测站、仪表着陆系统（ILS）、无线电导航辅助设备（如 VOR、NDB）、全球卫星导航系统（GPS、北斗）、地基或星基增强系统（如 EGNOS、WAAS）、地面无线电站（如 VHF、HF）、监视站（如雷达、模式 C、星基 ADS-B）、远程通信设施及数据链系统（如 CPDLC）。在多数国家和地区，此类基础设施主要集中于机场及 ATM 系统中，形成支撑航空运输的核心技术网络。

在特定运行区域内存在的各项能力需要得到充分协调，以便有效协助制定飞行及应急规划——各方必须对现有基础设施、服务能力及运行限制形成统一认知，因此以此为基础共同保障国内及国际航空行动的顺利实施。

在特定运行区域评估航空器装备要求时，基础设施条件将成为首要考量因素。航空器必须配备保障安全运行的基础设施支持（如实现自动精密着陆需依赖Ⅲ类盲降系统），因此基础设施服务方需及时向运营商通报设备中断或功能受限情况[如 GPS 接收机自主完好性监测（Receiver Autonomous Integrity Monitoring，RAIM）、机动区局部封闭、航路沿线充电站状态等]，以便运营商据此调整运行方案（如通过信息交互实现供需动态平衡）。

基础设施升级改造往往需要漫长的周期，需要巨额资金投入，且通常涉及复杂的市政、区域及国家层面的多方协作。由于这些计划还需在跨国层面形成统一认知，因此实施过程更加复杂。作为国际民航领域的核心协调机构，ICAO 在推动机场设施及 ATM 等航空基础设施标准化建设方面发挥着关键作用，为各国搭建了统一的技术规范与操作准则框架。

关于基础设施使用授权事宜，目前 JARUS 组织制定的无人机系统运行分类标准中提出的基于风险的管理思路仍然适用。在考虑批准这类系统运行时，相关审批机构应将保障安全运行涉及的风险因素及具体缓解措施纳入审查范畴，通过针对性风险控制手段确保操作安全性。

2. 机场运行

许多商用无人驾驶航空系统无须依赖传统航空所需的固定基础设施即可运行。尽管这类系统通常具备较强的功能，但其应用范围往往局限于 A 类操作。随着运营商寻求扩大运营规模，固定基础设施为拓展飞行活动提供了可能性。这类设施涵盖多种类型：从适用于 A 类和 B 类操作的小型起降平台（如垂直起降点），到支持 B 类和 C 类操作的大型传统机场或直升机专用场站（如垂直枢纽）。这些不同类型、类似机场的基础设施可能需要用于支持特定类型的飞行活动，而要全面实现自动化操作，则需充分理解这些航空场站的具体技术要求。

需要具备同时支持自动化飞行与自动化设施管理的能力。由于不同运营商及实际部署场景下设施管理需求存在差异（已有相关研究致力于明确通用基础设施的预期标准），因此这里仅探讨自动化飞行所需的核心概念。实现自动化飞行的关键在于应对滑行、起飞、着陆等关键飞行阶段的技术要求。针对这些阶段，必须充分理解机场现有通信、导航、监视及流量排序系统（需求/容量平衡系统）与机载通信、导航及飞行管理系统之间的交互关系（可参考美国 NASA 小型飞机运输系统高流量运行概念的相关研究成果）。

无人机系统的运行对地面系统与航空器系统的传统分隔模式提出了挑战。在机场环境中开展相关作业将继续冲击这一固有框架，但也为提升安全性和系统韧性创造了机遇，通过将相关功能同时部署在航空器系统和地面系统，可实现优势互补。特定自动化航空器在机场运行的安全性论证需要综合考虑航空器系统的功能架构设计，以及其与地面系统的协同机制（如地面系统对无人机或其他航空器的监测能力）。地面系统逐步实现不同功能模块的升级，在批准航空器与基础设施进行交互运行前，必须预先明确航空器搭载设备与这些地面系统进行交互的具体技术要求。

ICAO 下设的机场设计与运行专家组及遥控驾驶航空器系统专家组正就认证机场的运行开展联合研究，旨在为获得型号认证的遥控驾驶航空器系统在认证机场环境中的运行确立设计要求与操作准则。与此同时，美国 FAA 和欧洲航空安全局（European Union Aviation Safety Agency，EASA）等民航管理机构已开展前期工作，为机场技术设计及自动化技术对现行标准的影响提供了研究基础。相关标准需充分考虑新型航空器带来的特有风险管控需求及配套安全管理要求，同时应将机场认证状态及非认证机场相关安全注意事项向用户充分披露。

3. 交通管理系统

传统航空体系中，地面基础设施的核心主要由交通管理系统构成。自动化技术逐渐对传统运行模式形成挑战，这也为构建新型现代化 ATM 基础设施提供了契机，以支持规模化自动化运行。这些系统中的多数将依托特定空域运行规则，在允许部分操作进行自动化审批与管理的空域（如 UTM、U-Space）发挥作用，但传统空中交通管制系统承受的压力已日益显现。当前管制系统中已部署了部分自动化技术（如监视系统中的决策辅助工具、数据过滤、航空器追踪及告警功能），预计这些技术将持续提升 ATM 的安全性与运行效率。

为充分满足所有空域使用者的需求，支撑自动化运行空域管理所需的基础设施可能包含在互联网络中运行的地基、空基及天基组成部分。这些设施不仅服务于传统航空交通管理所需的通信、导航与监视活动，其运行机制将更倚重自动化系统的支撑，并在特定情况下通过自主决策来保障飞行的持续安全。网络云基础设施亦有助于实现跨领域协同，向各利益相关方共享飞行许可审批、飞行意图信息及空域运行限制等关键数据，形成多方协作的 ATM 体系。

目前多项技术正在研发中，旨在增强现有通信导航监视基础设施的功能，这些技术需进一步发展成熟，以支持各类自动化航空器运行。精密着陆系统、定位/导航/授时解决方案、多样化监视系统及可靠通信系统与数据链等关键技术的成熟路径遵循与航空技术发展相似的规律：随着技术能力和可靠性逐步得到验证，将从低风险运行环境逐步过渡到高风险应用场景。这一演进过程需要持续的技术验证和实践积累，确保新技术在复杂运行环境中的安全性和稳定性达到预期标准。

4. 基础设施设计的考虑因素

由于规划和建设基础设施的周期较长，因此相关设计要求必须在规模化运营启动前就得到充分理解。在传统航空运行环境中，通过既有的管理规程与技术手段，能够对自动化系统的融入形成成熟认知。而对于未来航空作业场景（如 AAM 及高空飞行等），其运行机理尚不明确，多数需要通过各类自动化能力的整合来实现作业目标（如提升空域使用效率、明确安全裕度管理等）。这种特性决定了自动化基础设施的设计将直接影响具体作业场景的获批范围与运行边界。

尽管基础设施的部署存在多种可能的配置方案，但未来协同空域运行的概念与近期针对多样化、非结构化及通信受限环境开展的研究工作存在诸多共性。美国国防高级研究计划局"地下挑战"项目已积累了大量异构自主系统在此类复杂环境中开展协同作业的实战经验。各参赛团队为实现系统交互在极端条件下的稳健性能所开发的自主框架，形成了一系列可移植的应用原则，这些原则能够为构建可靠的空基自主系统协调网络提供运行架构支持。相关核心原则概述如下。

1）模块化设计

通过模块化设计，运行系统能够灵活适应从局部实现到整体运行的各种可变需求。

- 系统视角

（1）系统采用模块化架构设计，兼容多性能等级设备协同运行。

（2）系统支持核心模块（定位/导航/授时系统）渐进式整合与权限移交。

（3）系统变更的风险隔离与分级控制。

- 操控员视角

（1）构建多源传感器融合体系，强化环境语义解析能力。

（2）实施多层应急响应机制，保障异常工况下的飞行安全。

（3）开发智能决策辅助功能，优化人机协作流程。

（4）建立冗余独立链路体系，确保关键指令可靠传输。

- 监管视角

（1）建立标准化监管框架，聚焦核心监管领域规则制定。

（2）实现基础设施模块化管控，支持风险分级监管机制。

2）不确定性感知架构

空域系统管理架构设计需遵循以下核心原则：在数据处理层面应充分考量共享或非共享环境中存在的潜在不确定性，同时架构需具备异构系统整合能力。在制定基础设施需求和设计标准时，对不确定性的管理必须予以高度重视。

（1）自主系统架构须内置不确定性应对机制，兼容机载设备与地面基础设施的多样化解决方案。

（2）通过通用运行指南建立统一管理框架，规范特定服务区域内所有的航空作业活动。

（3）构建战略规划体系，形成"风险预警–动态调控"双机制，实现运行风险全周期闭环管理。

（4）开发智能带宽感知系统，常规状态下保障设备稳定运行，当通信带宽接近安全临界值时自动激活分级限流机制。

9.5　技术成熟度

1．技术评估

要推动航空器和基础设施系统实现更高程度的自动化，需要整合多种技术手段。这些技术在应用范围、设计理念和传承体系上存在显著差异，未来系统的众多支持者既希望延续传统架构，又寻求融合机器学习应用。当前相关技术的认证监管体系仍在逐步完善的过程中（如 EASA 的人工智能路线图、机器学习应用审批流程、一级机器学习实用指南等），因此对于哪些技术适合纳入未来空域管理系统，必须进行审慎评估。判断某项特定技术或解决方案是否达到特定运行场景所需的"成熟度"标准（具备充分的能力特征描述、明确的局限性记录及可靠性保障），需要综合考量多方面的因素。本节将针对日益自动化的运行环境，系统阐述技术研发与认证过程中应关注的核心要素。

2．问题维度

新型自动化能力逐步被构想、开发与部署，支撑这些功能的技术将从初始实验阶段逐步发展为成熟的现役系统。确保自动化技术在运行中获得适当的安全保障监督，需要解决多维度的问题。首先需明确哪些功能实现了自动化及其对运行安全的影响程度。技术成熟度应随功能安全关键性的提升而同步增强。其次是自动化系统的运行环境因素，低风险环境可为部署欠成熟技术提供最大灵活性，而高风险环境则需要最成熟的解决方案以确保安全整合。最后必须考量系统设计与运行的稳健性，更具韧性的架构（如故障保险机制、运行时保障体系）能够为欠成熟技术提供安全部署的可行性，使技术创新与安全保障得以协同发展。

每个问题维度都涵盖广泛的应用层面，且彼此存在内在关联。以运行环境为例，虽然它决定了初始风险水平（如乡村线性巡检任务），但功能自动化程度往往受制于基础设施条件（如地面防撞网络覆盖）和装备配置要求（如协作式空域设计）。多元化的系统架构方案、功能分配模式与运行限制条件，共同构成了广阔的技术实践空间。确保空域融合的安全性，关键在于对自动化系统的预期运行效能与功能边界进行清晰界定。通过将系统固有约束与适度的安全监管机制（基于运行风险评估结果）相结合，方能客观评估相关技术在特定运行环境中是否具备足够的成熟度以支撑实际应用。

在技术研发过程中，跨越不同成熟度阶段可能面临复杂的权衡考量。例如，在验证新型系统架构的稳健性时限制其运行环境，或在推进高风险操作时约束关键安全功能的自主权限。随着技术体系的演进与实际应用范围的拓展，监管机构需要明确制定验证技术成熟度的具体标准（包括累计飞行时长、设计保证流程、仿真建模数据等要求），并确保这些标准在不同发展阶段保持连贯性与适配性。

1）自动化等级

自动化等级的概念在现有技术定义与分类框架中已被广泛采用，也成为探讨自动化技术渐进式发展路径的常用范式。虽然这个概念为思考自动化车辆提供了简洁的表述方式，但实际情况往往更为复杂。JARUS 组织提出的自动化分级框架聚焦人机交互关系及其对应的责任划分与控制领域界定，尽管表面上看似宏观系统描述，实则暗含对自动化本质的深度解析。需要明确的是，实现自动化的主体并非系统整体，而是具体功能。这些自动化功能经过系统化整合后，需进行整体性评估验证。JARUS 分级方法的价值在于突破传统"等级划分"的思维定式，通过功能导向的视角引导行业形成更深刻的技术认知，这将对推进自动化技术发展产生积极影响。

在特定运行架构中，自动化功能的结构与交互关系必须足够清晰，以便准确定位安全关键功能所在位置并理解自动化对其安全关键性的影响。尽管每个功能可能处于不同的自动化层级，但当它们作为更广泛的运行设计域（如目标与事件检测及响应系统）的组成部分共同作用时，仍可采用统一的自动化等级概念进行描述。需要特别注意的是，由于自动化实施始于最基础的功能层级，因此在确定这些自动化级别时，需保留其构建过程中的细微差异。在系统层面评估自动化能力时，既要考虑与航空器系统自主性相关的功能，也要兼顾与运行自主性相关的功能，这两类功能的认证路径可能存在差异——由于缺乏统一的行业标准实施方案，因此对于为确保这类系统满足飞行安全要求而采用的审定方法，需要根据具体情况采取有针对性但可能有所区别的处理策略。

工业界与监管机构必须审慎运用并深入理解自动化等级的划分方式。若单纯依赖"等级"概念，在审视整体系统时容易陷入过度简化的误区。实际应用中各功能模块可能处于不同的自动化层级，部分核心安全功能（如操作安全责任）很可能永远无法实现完全自主化。将系统定性为"完全自主"，意味着所有必要功能的自动化技术均达到了同等成熟度，但由于存在必须攻克的技术壁垒与监管障碍，这对部分民用航空器而言并不现实。为促进现有自动化架构的优化发展并提升认知深度，需要建立系统化的评估模型，用以甄别当前具备自动化可行性的功能，同时识别因技术成熟度不足而仍需人工介入的能力短板。

技术成熟度与自动化水平之间的关联通过操作风险体现。在风险较低的应用场景中（如 JARUS Cat A 类操作），自动化功能失效或误操作对公众造成的风险可通过应急预案等操作程序进行管控，因此特定技术方案的实际成熟度可能无须达到高度完善的状态。在这类本质为低风险的场景中，由于操作限制所提供的风险缓冲，因此采用实验性或未经验证的技术更具可行性。当风险环境发生变化且功能失效后果趋于严重时，特定自动化功能的具体实现方案需要同步提升成熟度，以确保任何故障都处于该操作场景可接受的安全阈值内。自动化技术所引发或消减的风险必须与具体操作情境形成精准平衡，以此验证所采用的技术确实具备与风险等级相匹配的成熟度保障。

2）运行风险

在航空运行技术评估与准入审批中，操作风险是最核心的判定标准。JARUS 制定的运行风险框架将风险划分为逐级递增的三个基础类别：A 类、B 类和 C 类。针对 B 类运行场景，该风险分类体系通过《特定运行风险评估》（SORA JARUS 06 号文件）进行了深化拓展，明确界定了有效管控风险所需满足的具体要求。对于风险等级最高的 C 类运行场景，需通过识别高风险作业模式（如人员与货物的商业运输），并制定获得运营许可所必须满足的额外组织管理、操作流程及技术要求，进一步完善风险分类机制。

操作风险为审视技术发展与成熟度提供了一个重要视角。当功能开始实现自动化时，尤其是采用缺乏明确设计传承的解决方案时，应严格限定其运行范围，以确保自动化系统的技术故障不会引发安全风险。通过 JARUS 21 号文件所述的方法论，可系统评估功能特性及其自动化对安全性的影响。技术成熟度的演进目标在于提供循序渐进的验证路径，通过在适当风险环境中逐步展示自动化功能的能力，使其能够与配套的冗余机制及设计/开发保证措施共同接受评估。鉴于自动化需在功能层面进行验证，其相关风险应置于具体评估的运行设计域（Operational Design Domain，ODD）框架内考量，如高层的冲突避让功能与底层的航空器探测功能需区别对待。

在某些情况下，自动化解决方案可能被限定仅在较高风险环境中运行。针对这类情形，评估技术以获得批准的方法必须与风险管理预期高度契合。通常这类验证可通过设计审查方法实现（如采用系统安全评估的传统型号认证流程），或通过系统验证演示达成（如实施基于功能测试的运行验证方案，并设定最低飞行时数要求）。虽然两种方法均可提供支持运行批准的必要数据，但基于功能测试的验证飞行时数积累必须在低风险（如严格受控）运行环境中完成。下面将概述在开发/完善自动化技术过程中，界定可采用的操作类型范围的整体方法框架。

- 低风险

低风险操作为技术研发、特性验证及成熟化提供了理想环境。由于此类操作本身风险系数较低，因此在试验过程中即便遭遇失败，其负面影响也能较其他高风险场景得到更有效的管控。这类操作在应对故障时展现出高度的灵活性，即便发生航空器损毁等极端情况，也能将灾难性后果控制在有限范围内。正是基于这些显著优势，低风险环境成为推进技术创新与完善的绝佳试验场。因此，这些环境非常适合用于以下方面：

（1）系统测试/验证。

（2）在有限环境中积累飞行时数。

（3）验证模拟/仿真结果。

- 中风险

随着风险等级的提升，在中风险环境中开展作业更加需要依赖技术的正确运行，且通过操作手段缓解风险的选项相对有限。要获得此类环境的初始运行许可，必须充分掌握自动化功能的局限性特征（可通过飞行测试、利用低风险作业的现场数据、仿真建模或采用更高风险等级的传统设计保证方法来实现）。评估系统架构及自动化功能的安全影响范围，对于理解自动化在作业中的安全效应至关重要。允许在此类环境中运行，有助于对仿真模型和环境限制条件进行补充验证。在该风险分组的较高层级中，涉及 ATM 空域的作业需要特别考量，必须将现有及所需空管系统的成熟度纳入系统架构审查范畴。

- 高风险

在高风险运行环境中，安全效能与技术性能［如无人机感知与避撞（Detect and Avoid，DAA）系统］之间存在高度关联性，必须依托成熟技术体系才能获得初始运行许可。这意味着，部署此类环境的自动化功能需具备完善的技术架构和充分的设计数据支撑。通常情况下，相关系统在低风险场景中积累的实际运行经验具有重要价值，这最能体现其部署应用的成熟度。作为评估审批流程组成部分的仿真模型必须经过充分验证，理想情况下需辅以实际运行数据的佐证。此外，还需要对相关空域系统的成熟度、ATM 支持的保障能力进行全面评估，这是确保高风险环境安全运行的关键环节。

将自动化功能作为风险缓解手段使用时，必须与其技术成熟度取得良好平衡，这种平衡需基于该技术在所应对危险领域的实际发展水平。当考虑采用自动化功能进行风险控制时，技术成熟度应当与所缓解运行风险的严重程度直接对应——所应对危险越严重，对技术成熟度的验证要求就越高。为了建立对以自动化技术作为风险缓解手段的信心，同样需要通过上述验证途径：既可通过冗余系统的设计与架构审查进行验证，也可在确定技术应用边界的过程中，结合实际运行经验的积累与运行限制的设定来达成。这种递进式的验证逻辑确保技术成熟度与风险等级始终保持匹配，既避免过度依赖未经验证的技术，又能为关键风险领域提供可靠保障。

3）硬件/软件系统的稳健性

飞行安全取决于特定功能实现方案持续保持预期性能的能力。当面临性能衰退（如环境变化、设备故障、数据丢失）时仍能维持安全运行的能力，可视为功能实现的韧性特征。随着安全关键功能自动化程度的提升，特定解决方案的韧性变得愈发重要——某个实施方案在遭遇异常时持续遵守空域规则与限制、避免对地面人员构成危险，已成为降低运行风险的核心要素。通常而言，解决方案对错误或故障的容错能力越强，就越适合执行高风险功能。增强系统韧性的方法多种多样（包括设计保证、运行时保障、架构冗余等），每种方法都需要结合具体运行场景和系统架构评估其适用性。构建具备韧性的运行体系有助于在安全论证中满足系统健壮性要求。

稳健性系统是指能够在功能执行过程中持续保持安全性能的系统，其量化评估可借鉴 SAE ARP 4761 和 EASA 功能测试合规标准中采用的"功能丧失概率"方法。随着系统功能自动化程度的提升，准确评估功能状态已成为实施有效安全管理的必要前提。对于具备功能状态自检能力的系统（如配备内置测试或运行时保障机制），当其无法继续执行功能时，可采用状态通报机制（如发出功能接管请求），此时通过统计每运行小时产生的接管请求（Take-over Requests，ToR）次数即可实现从低稳健性（高 ToR/小时）到高稳健性（低 ToR/小时）的定性分级。这种稳健性评估理念及其衍生的自动化可信度概念，为航空安全体系（如设计保证机制、容错硬件等）提供了全新视角，尤其适用于机器学习等传统评估方法难以直接适用的技术领域，从而与现有安全方法论形成有效互补。

在评估某项技术方案是否具备足够的成熟度以投入实际应用时，具体实施方案的韧性表现至关重要。系统韧性虽然可以与实现功能所采用的具体技术成熟度分开考量，但在某些情况下可能存在关联，如依赖单一传感器的功能实现，其硬件必须高度成熟才能确保系统具备强韧性。因此需要清晰界定技术组合实现功能的具体方式（如采用运行时保障技术支撑人工智能应用）。当在风险较高的应用场景中采用低成熟度解决方案时，若自动化功能对系统运行具有关键作用，就必须构建更具韧性的系统架构，但需要对这种架构设计与其他风险要素和功能解决方案进行审慎权衡。此类权衡考量具有鲜明的实施场景和操作特性，未来通过标准化建设将有助于优化相关决策流程。

3．评估成熟度/成熟度模型

在讨论某种特定技术能否安全应用于特定自动化操作时，其核心评判依据最终取决于该技术的成熟度。技术成熟度指某项技术（或技术组合）经过实际运行或实验测试积累的经验基础，同时包含对相关数据（涵盖经过验证的模型和仿真数据）的评估分析所形成的完整体系。技术行为的可预测性越高，表明该技术方案越成熟。当前存在多种评估、开发和验证航空系统成熟度的路径（如基于功能测试的 SORA 中附录 E 的方法），每种成熟度模型和方法在实施过程中都具有其独特价值。当将这些模型应用于自动化操作时，需要额外考虑系统功能的集成与依存关系、备用机制设计、人机界面优化等人机交互要素，这些考量将有助于明确技术成熟度的优先级划分，并深化对人机协同关系的理解。

为了消除将特定操作整合到空域时存在的不确定性，需要借助成熟的技术手段。空域使用者、基础设施/服务提供商与其他自动化系统之间的信息透明化，是保障运行安全的核心要素。要有效降低特定操作组合带来的风险，必须清晰阐明航空器及运行支持系统（无论是否采用自动化）的功能边界与性能局限，这唯有通过成熟度与操作风险相匹配的技术体系方能实现。下面将阐述几种描述和提升技术成熟度的方法，以期为运行概念的制定与实施提供支撑。

1）NASA 能力成熟度模型

新型自动化能力的全生命周期开发过程包括系统设计、技术研发、测试验证、适航认证、运行批准及空域集成等关键环节，在这个过程中，必须始终贯彻一套系统化且稳健的成熟度评估机制。该机制不仅要确保自动化能力的有序演进，还要从技术架构完整性、数据源可靠性及现行民用法规符合性三个维度，持续识别和弥补可能存在的技术鸿沟与合规风险。

为应对这一挑战，NASA 提出构建能力成熟度模型（Capability Maturity Model，CMM）体系与自动化评估流程的双重框架，旨在共同为航空业界确立统一的技术评估标准。该框架可使飞机制造商与运营方在开发自动化飞行系统及实施自主运行方案时，基于共同的技术标尺与监管维度，对拟采用的自动化功能进行技术成熟度与法规符合性的客观评估。

尽管航空器自动化与运行整合之间存在不可分割的相互关联，但在设计研发和审定认证过程中，二者往往被割裂开来进行序列化评估。这种现象的形成，部分源于既要构建系统又需评估其实际运行效能的双重挑战，同时由于航空器本体及其运行资质通常需要接受民航管理局不同部门的独立审查——这些部门各自遵循迥异且互不兼容的审定流程。这种割裂状态正对自动化系统的人机交互界面和稳健性设计提出日益严峻的挑战，尤其是当这些替代传统飞行员功能的自动化系统被赋予执行与运行整合紧密关联的功能时，这些功能原本是空中交通管制员、签派员等系统内人工要素的法定职责。

任何新型自动化能力的开发必须结合飞机类型、执行任务的性质、任务涉及的具体环节、预定空域环境、人员在不同运行条件下的明确职责（包括正常与非正常操作），以及民航管理机构为确保公众安全所要求的安全水平等多重因素进行全面考量。因此，在实现支持新功能的目标时，需要系统评估相关数据源与技术的成熟度及其准确性、可用性、完整性、连续性、覆盖范围等核心指标，确保其具备支撑预期功能的技术可靠性。

NASA 提出了能力成熟度模型的概念框架。该模型将拟实现的自动化能力（包括新型运行概念、新型飞机/系统功能或其他创新）与支撑该能力所需的功能及服务进行关联，这些功能和服务既与实现它们的核心技术相衔接，也明确界定了操作员在相关功能或服务中应承担的预期角色。支撑拟实现功能或服务的技术本身又依赖执行预期功能所需的数据与信息源。若缺乏对整个技术链条的系统评估和清晰认知，就可能导致构想出当前技水平和数据资源无法支撑的新型自动化能力；也可能催生出超越人工现有认知或技能边界、无法确保人员与新型自动化系统安全协作的创新设想。

2）技术成熟度等级分类

评估技术部署准备程度的常用方法是采用技术成熟度等级（Technology Readiness Level，TRL）体系，该体系由 NASA 提出，通过九级标准衡量技术发展状态。TRL 体系为评估特定技术成熟度提供了统一标准，其中最低的 TRL1 代表基础理论研究阶段，最高的 TRL9 则表示该技术已在实际环境中完成验证并具备规模化应用条件，这种分级方式确保了技术成熟度描述的一致性与可比性。

TRL 可用于描述特定运行环境中某项自动化技术或系统的成熟程度，但必须附有支持该评估的证据。尽管目前尚无明确标准详细阐述如何验证 TRL 体系中的某个特定等级（每项技术因其预期功能范围的不同而存在差异），但核心目标是通过实际运行评估来推动技术逐步成熟，同时系统收集其实际能力表现与局限性的客观证据。

尽管 TRL 的概念适用于各类技术研发，但其本身并不直接评估技术在特定系统架构中的适用性，亦未考量解决方案对安全运行或持续运作的关键性影响。该指标必须纳入整体运行审批框架中使用，该框架需综合考量整个运行体系或特定运行领域（如 JARUS 制定的特定运行风险评估方法、标准场景等）。在此类审批机制下，技术解决方案的设计方/制造商必须明确传达其产品的 TRL，为寻求应用该技术的运营方提供决策支持。这种设计方/制造商与运营方之间的信息传递机制尤为重要，特别是在部署 TRL 较低的解决方案时，双方的协同配合将直接影响技术应用的安全性与可行性。

9.6 监管影响

传统上，空域环境中的自动化技术应用始终遵循渐进式发展路径，其核心目标在于提升航空运营效率。然而，随着无人驾驶航空系统进入空域体系，这种循序渐进的技术采纳模式被打破，迫使航空监管机构和从业者不得不构建新型制度框架来适应新型航空器的融合需求。在推进这些制度框架落地的过程中，亟需重视自动化技术的关键支撑作用——唯有通过自动化手段，才能确保各类航空器在常态化运行中实现安全高效的系统性融合。本节针对监管领域面临的挑战展开分析，明确指出若干需纳入审批框架体系的重要评估维度，包括但不限于以下方面。

（1）更新现行飞行规则定义，以适应具备不同自动化功能和驾驶概念的航空器。

（2）考虑将自动化能力融入现有空域结构，并探索该结构如何发展，以支持不同的运行概念。

（3）开发支持未来运行的自动化基础设施，涵盖机场和交通管理系统。

（4）建立支持自动化运行的技术成熟度和监管环境的方法。

业界普遍认识到空域自动化能力的整合不存在单一解决方案，但本节为这些能力在现有运行框架中的开发、评估和实施规划了共同发展路径。本节同时提出以数据驱动的空域发展愿景，主张通过部署自动化系统与人机协同监管及安全管理体系相结合的方式，持续运用成熟技术提升安全水平和运行效率。当前美国、欧盟、英国和日本等司法管辖区已在航空发展规划中不同程度地实践相关理念。随着这些概念在规模化自动化运行中的持续完善，未来有望通过系统间的协调优化来强化安全保障，提升运行效能并扩大航空服务的覆盖范围。

9.7 未来低空空管系统

1. 面临的挑战与关键技术

2025 年 4 月 19 日，国家自然科学基金委在苏州举办了第 407 期双清论坛，聚焦低空经济信息系统与安全管控理论及关键技术，空中交通管理系统全国重点实验室主任陈志杰院士和著者分别应邀作主题报告和专题报告，陈院士的主题报告题目是"科学优化低空空域与飞行器管控，创新推进低空经济安全健康发展"。陈院士的报告很好地概括总结了未来低空空域与飞行器管控面临的挑战、关键技术和关键科学问题，主要内容摘录如下。

未来低空空域与飞行器管控面临的挑战主要包括两个方面，即低空复杂运行环境挑战和低空高密度大规模运行场景挑战。低空复杂运行环境挑战包括：人造障碍物密集、自然地形复杂、气象复杂多变、电磁干扰频繁、通信链路受限、导航信号弱化、监视覆盖不足等。低空高密度大规模运行场景挑战包括：低空多场景综合应用、多主体空域共享、高密度异构航空器大规模运行和有人无人混合运行。

未来低空空域与飞行器管控涉及四大关键技术，包括：低空数字化管理技术、低空智能网联技术、低空智能运行管理技术和低空运行安全保障技术。

低空数字化管理技术包括低空环境数字基础平台和低空基础数据建模，涉及通信导航监视数据、地理数据、管制空域、适飞空域、高大建筑物、高压线等。难点在于城市低空百亿级的网格化空域管理，需要建立网格坐标系统，构建全新的时空数据管理引擎，形成基于网格化的高精度空域表征和计算方法，从而提升低空空域的精细分配和动态管理能力，以支撑大规模、高密度、高复杂度的低空运行场景。

低空智能网联技术能够实现起降场、空域、通信、导航、监视、气象、情报等设施组网，提供空地信息一体化服务能力，涉及低空环境数字化、低空智联环境运行标准、低空智联空域规划、低空智联基础设施、低空智联运控平台、低空智联航空器等方面。难点在于如何融合运用各种地面网络通信基础设施、低轨卫星网络和低空自组网技术，包括天基导航网、天基遥感网、天基传输网、空基通信网，以及地基的 5G 网、互联网、垂直专网等设施，建设空天地一体、实用、可靠、可拓展的低空信息传输网络化环境，形成万物智联的逻辑网络。

低空智能运行管理技术的特点是通过智能化飞行控制（空域控制体系智能+飞行平台个体智能）和协同式运行监管（有人无人协同监管）来支撑高密度、大流量的运行需求。难点在于当前基于人在回路的低空监管技术，无法满足未来低空高密度、大流量的运行管理需求，急需解决低空智联环境下的空域控制体系智能与飞行平台个体智能的匹配问题。

低空运行安全保障技术需要考虑低空体系性安全，包括空防安全、飞行安全、公共安全和赛博安全（数据安全、网络安全等）。难点在于急需构建集主动式风险防控与被动式风险防控于一体的低空运行安全保障体系，以防范体系失控或体系被控。主动式风险防控是指低空飞行器对风险的自动识别和主动防控能力。被动式风险防控主要指对非合作目标的监视识别。

未来低空空域与飞行器管控有六个关键科学问题，包括：低空空域动态管理与资源优化配置、低空飞行器自主控制与智能避障、低空通信导航监视气象体系构建、低空电磁环境智能协同管控、低空多模态感知与环境适应性和低空安全风险防范与应急响应。

2. 系统目标

未来低空空管系统的核心目标是实现"安全智慧飞行"，其主要愿景包括：确保安全高效的航空器运行、构建数字化协同运行体系、实现异构空域融合管理、驱动技术创新与可持续发展、提升系统韧性与扩展性。该系统目标体系以安全为基石，以智能为核心，以协同为纽带，旨在构建开放、弹性、自适应的新一代低空空管系统，为多元化航空器提供全域无缝的运行支持。

1）确保安全高效的航空器运行

（1）智能间隔管理：通过机载/地面自动化系统协同实现航空器间动态安全间隔，融合"检测–避让"技术应对未知障碍物。

（2）全流程风险控制：构建覆盖飞行前规划、实时监控、异常处置的全链条安全体系，强化电子围栏、应急避障等主动防护能力。

（3）环境适应性增强：支持复杂气象条件下的自主决策，利用实时气象数据与轨迹预测优化飞行路径。

2）构建数字化协同运行体系

（1）全域信息共享网络：建立空域用户、运营商、服务商间的实时数据交互平台，实现飞行意图、空域限制、交通态势的数字化同步。

（2）多层级自动化决策：基于自动飞行规则与数字飞行规则，推动人机协同决策向系统自主决策过渡，减少人工干预需求。

（3）动态空域资源调配：采用基于性能的准入机制，通过动态航路分配、空域弹性划分提升空域利用率。

3）实现异构空域融合管理

（1）跨系统无缝衔接：打通 UTM 与 ATM 系统接口，支持有人/无人航空器、不同自动化等级设备的协同运行。

（2）标准化运行框架：制定全球统一的空域分类标准与通信协议，兼容新兴航空器性能差异（如超视距飞行、超低空作业）。

（3）责任界定机制：明确运营商、管制方、自动化系统在不同场景下的安全责任边界，建立异常事件协同处置流程。

4）驱动技术创新与可持续发展

（1）自主技术迭代：推动机载人工智能、高精度导航、抗干扰通信等关键技术突破，支撑复杂环境下的自主飞行能力。

（2）绿色运行模式：结合电气化航空器特性优化能耗管理，发展基于数字孪生的低碳航路规划技术。

（3）监管隔离应用：通过隔离空域试点验证新型飞行规则（如 EFR），加速技术成熟与法规适配。

5）提升系统韧性与扩展性

（1）分布式架构设计：采用去中心化系统架构降低单点故障风险，支持空域用户规模的指数级增长。

（2）弹性容灾能力：构建通信中断、设备失效等极端场景下的多层应急响应机制（如离线避障、冗余导航）。

（3）前瞻性兼容布局：预留空域结构升级接口，适应未来超声速飞行、高空长航时无人机等新型运行需求。

3. 系统架构

未来低空空管系统将采用分层分布式架构，以支持高度自动化和智能化的运行。系统架构如图 9-1 所示。该架构将包括以下几个层次。

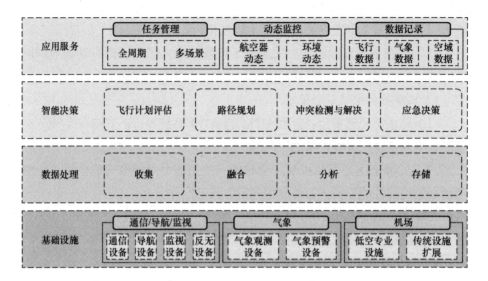

图 9-1 未来低空空管系统架构

- 基础设施层：包括各种硬件设备和网络设施，如通信设备、导航设备、监视设备、反无设备、气象设备、机场设施等。
- 数据处理层：负责收集、处理和分析来自基础设施层的数据，为智能决策层提供支持。
- 智能决策层：基于数据处理层提供的信息，进行飞行计划评估、路径规划、冲突检测与解决、应急决策等。
- 应用服务层：面向用户和运营商，提供各种应用服务，如飞行任务管理、飞行动态监控、飞行数据记录等。

1）基础设施层

基础设施层是未来低空空管系统的基础，通过多元化的硬件设施和网络资源支撑低空运行的各类需求。其关键组件如下。

（1）通信设备：支持空地之间的高速、可靠通信，包括无线通信、卫星通信、网络通信等，满足低空航空器的高带宽、低时延通信需求。使用 5G-A 等技术增强传统连接能力和拓展通信能力边界，不仅契合低空飞行的高速率、低时延、大连接数等基本需求，还具有通感融合、高精度定位等能力，有助于推动低空智联网向更高层次、更广领域发展。

（2）导航设备：提供精确的定位和导航信息，集成 GPS、北斗系统、地基增强系统等，结合视觉导航与惯性导航技术，实现复杂城市环境下的高精度定位。

（3）监视设备：实时监测航空器的状态和位置，融合低空雷达、通感一体的 5G-A、ADS-B、Remote ID、光电感知、无线电侦测等多源数据，构建全天候立体化监视网络。

（4）反无设备：利用非合作目标探测设备提供的信息，开展无人机反制作业。

（5）气象设备：部署分布式气象传感器、机载无人机气象站，实时采集风速、风向、气压、湍流、能见度等数据，支持短时气象预警。

（6）机场设施：支持航空器的起飞、降落和停放，包括低空专业设施（无人机巢、起降场、续航站、中转站等，支持无人机起降与充电、货物中转等场景化需求）、传统设施扩展（跑道、停机坪、机库等适配 eVTOL 与无人机的智能化改造）。

（7）边缘计算节点：分布式部署边缘算力设施（如边缘服务器、智能网关），提供本地化实时数据处理能力，降低云端依赖。

2）数据处理层

数据处理层负责收集、处理和分析来自基础设施层的数据，通过多平台协同，实现低空数据的全生命周期管理，支撑上层智能决策。其主要功能如下。

（1）数据收集：从各种传感器、设备、平台中收集数据，覆盖位置、遥感、雷达、气象等多维度数据源。

（2）数据融合：将收集的原始数据进行清洗、去噪、格式转换，采用时空对齐、多模态融合技术，将视频图像、雷达点云、动态报文等异构数据融合处理，生成低空态势感知全景视图。

（3）数据分析：对融合后的数据进行分析，提取有用信息，基于机器学习与数字孪生技术，预测空域拥堵、识别异常飞行行为（如"黑飞"）、评估设施健康状态等。

（4）数据存储：构建分级存储架构，对数据进行快速存储，热数据存于边缘节点，支持实时响应，冷数据存于云端，用于长期回溯；采取相应的备份策略、加密措施等，以保障数据不丢失与防篡改。

3）智能决策层

智能决策层基于数据处理层提供的信息，进行各种智能决策，结合空域资源优化与安全监管需求，强化动态响应能力。其主要功能如下。

（1）飞行计划评估：根据飞行任务和空域情况，评估飞行计划，包括起飞时间、飞行路径、飞行高度等，动态划分临时空域（如物流走廊、消费娱乐区），平衡资源分配与运行效率。

（2）路径规划：结合实时气象、空域占用、城市地理信息（如高楼、电缆），调整飞行路径，以避开障碍物和限制区域，支持多机协同调度与续航优化。

（3）冲突检测与解决：检测航空器的潜在冲突，并采取措施解决冲突，如调整飞行路径、改变飞行高度等，实现航空器间自主协调避让，降低人工干预频率。

（4）应急决策：在遇到紧急情况时，迅速做出决策，整合消防安全、信息安全等多维安全监管策略，建立应急预案库（如电磁干扰处置、网络攻击隔离），确保航空器和人员的安全。

4）应用服务层

应用服务层面向用户和运营商，构建模块化、可定制的服务体系，以支持飞行任务的执行和管理。其主要功能如下。

（1）飞行任务管理：管理飞行任务的整个生命周期，包括任务的创建、分配、执行和结束。分场景支持物流配送（无人机快递）、低空消费（观光无人机编队）、城市作业（电力巡检、消防灭火）等任务编排。

（2）飞行动态监控：实时监控航空器的飞行状态和飞行环境，提供航空器的实时位置、速度、高度等信息，展示航空器实时状态、空域热力图、设施运行状态，支持多终端可视化交互。

（3）飞行数据记录：记录飞行过程中的各种数据，包括航空器飞行数据、气象数据、空域数据等，提供数据回放与合规性分析功能，辅助事故调查与运营优化。

（4）增值服务：开放 API，支持经安全认证的第三方开发者接入，拓展低空经济生态（如无人机广告投放、空中交通信息订阅）。

5）系统接口

未来低空空管系统将与其他相关系统进行交互，以实现信息共享和协同工作。主要接口如下。

（1）与 ATM 系统的接口：实现与传统 ATM 系统的数据共享和协同工作，确保航空器在空域中的安全运行。

（2）与 UTM 系统的接口：实现与 UTM 系统的数据共享和协同工作，支持低空航空器在城市环境中的运行。

（3）与气象系统的接口：获取实时的气象信息，为飞行决策提供支持。

（4）与机场管理系统的接口：实现与机场管理系统的数据共享和协同工作，支持航空器的起飞、降落和停放。

6）架构特点

系统架构通过技术融合与生态开放，为低空飞行服务的规模化、智能化发展提供了系统性支撑。

（1）空天地一体化感知：融合卫星、无人机、地面传感器数据，实现低空全域立体监控。

（2）边缘–云端协同计算：通过分布式边缘算力降低时延，云端集中处理复杂模型，提升系统响应效率。

（3）场景化服务扩展：针对物流、消费、作业等场景设计专用模块，推动低空经济商业化落地。

（4）安全韧性增强：通过多层级加密、冗余备份、应急决策链，构建"端到端"安全防护体系。

4．核心要点

未来低空空管系统的构建过程需关注的核心要点包含：技术成熟度、监管环境适应度。

1）技术成熟度

未来低空空管系统将采用多种技术，其成熟度评估应考虑以下因素。

（1）自动化等级：不同的自动化等级对应不同的功能自动化程度，进而影响技术成熟度的评估。例如，完全自主的飞行系统相比需要人工干预的系统，对技术成熟度的要求更高。

（2）运行环境风险：运行环境的风险等级越高，对技术成熟度的要求越高。例如，在低风险环境下，可以使用相对成熟的技术进行试验；而在高风险环境下，则需要使用最成熟的技术来确保安全运行。

（3）硬件/软件系统的稳健性：评估系统的稳健性，以确保其在性能下降或故障情况下仍能安全运行。例如，具备冗余设计、容错机制和保障措施的系统，其技术成熟度更高。

（4）功能状态评估：评估系统功能状态的能力，如通过内置测试、运行时保障等方式识别功能状态，并采取相应的措施。

2）监管环境适应度

未来低空空管系统的建设需要与监管环境相适应，并考虑以下挑战。

（1）更新现行飞行规则的定义：现行飞行规则主要针对有人驾驶航空器，需要根据新型航空器的特点和运行需求进行修订，以适应自动化和智能化飞行的发展。

（2）将自动化能力融入现有空域结构：现有空域结构是基于传统飞行方式进行设计的，需要考虑如何将自动化能力融入现有空域结构，以支持不同的运行概念，如自主飞行、协同运行等。

（3）开发支持未来运行的自动化基础设施：未来低空空管系统需要建设更加先进的通信、导航、监视、气象等基础设施，以满足自动化和智能化飞行的需求。

（4）建立支持自动化运行的技术成熟度和监管环境：需要建立一套完善的技术成熟度评估体系和监管环境，以指导技术的研发和部署，并确保其安全性和可靠性。

9.8　本章小结

建设未来低空空管系统将是一个复杂的系统工程，需要政府、企业、科研机构等多方共同努力，才能实现其安全、高效、灵活的目标。通过不断地进行技术创新、标准制定和监管完善，未来低空空管系统将为低空经济的安全健康发展提供强有力的支撑，并引领人们进入一个全新的低空飞行时代。

延伸阅读资料

① FAA. Urban Air Mobility (UAM) Concept of Operations v2.0. 文件，2023 年.

② FAA. Advanced Air Mobility (AAM) Implementation Plan, Version 1.0. 文件，2023 年.

③ KIN H L. Framework for Urban Traffic Management of Unmanned Aircraft System. 报告，2017 年.

④ KIN H L. Alignment of UTM to ATM on Safe Drone Operations. 报告，2018 年.

⑤ KIN H L. Contingency Management of Urban UTM Based on Airspace Contexts. 报告，2019 年.

⑥ MOHAMED F B M S, DA Y T, CHOON H K, et al. Preliminary Concept of Operations (ConOps) for Traffic Management of Unmanned Aircraft Systems (TM-UAS) in Urban Environment. 会议文章（AIAA SciTech Forum），2017 年.

⑦ MOHAMMED F B M S, CHI W C, WANG Z K, et al. Preliminary Concept of Adaptive Urban Airspace Management for Unmanned Aircraft Operations. 会议文章（AIAA SciTech Forum），2018 年.

⑧ JOSEPH R, ARWA A, JAEWOO J, et al. Flight Demonstration of Unmanned Aircraft System (UAS) Traffic Management (UTM) at Technical Capability Level 4. 会议文章（AIAA AVIATION Forum），2020 年.

⑨ JARUS. Whitepaper on the Automation of the Airspace Environment. 报告，2024 年.

⑩ FAA. Engineering Brief 105-Vertiports. 文件，2024 年.

⑪ EASE. Prototype Technical Specifications for the Design of VFR Vertiports for Operation with Manned VTOL-Capable Aircaft Certified in the Enhanced Category(PTS-VPT-DSN). 文件，2022 年.

⑫ 中华人民共和国国务院，中华人民共和国中央军事委员会. 无人驾驶航空器飞行管理暂行条例. 法规，2023 年.

⑬ 中华人民共和国交通运输部. 民用无人驾驶航空器运行安全管理规则. 法规，2024 年.

⑭ 中国民用航空局. "十四五"通用航空发展专项规划. 文件，2022 年.

⑮ 中国民用航空局. 民用无人驾驶航空发展路线图 V1.0. 文件，2022 年.

⑯ 中国民用航空局. 低空飞行服务保障体系建设总体方案. 文件，2018 年.

⑰ 中国民用航空局. 低空飞行服务系统技术规范　第 1 部分：架构与配置. 标准（MH/T 4055.1—2022），2022 年.

⑱ 中国民用航空局. 低空飞行服务系统技术规范　第 2 部分：技术要求. 标准（MH/T 4055.2—2022），2022 年.

⑲ 中国民用航空局. 低空飞行服务系统技术规范　第 3 部分：测试方法. 标准（MH/T 4055.3—2022），2022 年.

⑳ 中国电子科技集团有限公司. 低空航行系统白皮书. 报告，2024 年.

㉑ 低空产业联盟. 低空智能网联体系参考架构. 报告，2024 年.

㉒ 中国移动. 低空智联网技术体系. 报告，2024 年.

㉓ 吴仁彪. 新一代空管系统中的通信导航监视一体化技术. 大会报告（"感通算"一体化网信系统创新论坛，西安），2023 年 9 月 23 日.

㉔ 吴仁彪. 新一代空管系统中的通信导航监视一体化技术. 大会报告（第十一届海洋信息技术前沿论坛，青岛），2023 年 11 月 11 日.

㉕ 吴仁彪. 低空经济信息系统与安全管控理论及关键技术. 特邀专题报告（国家自然科学基金委第 407 期双清论坛，苏州），2025 年 4 月 19 日.

㉖ 陈志杰. 科学优化低空空域与飞行器管控，创新推进低空经济安全健康发展. 主题报告（国家自然科学基金委第 407 期双清论坛，苏州），2025 年 4 月 19 日.

第 10 章

低空经济区域竞争力评价指数

10.1　引言

2024 年低空经济被首次写入政府工作报告后，全国各地掀起了新一轮低空经济发展热潮，近 30 个省（区、市）纷纷出台了促进低空经济发展的意见或实施方案，各种展会和论坛应接不暇，其热度远远超过了上一轮通用航空热。2025 年政府工作报告提出，要安全健康发展低空经济。为了引导低空经济安全有序可持续发展，著者团队开展了低空经济区域竞争力评价指数研究工作。本章介绍著者团队在评价指数研究方面的初步结果，以后将在实践过程中不断迭代更新和完善。

10.2　评价指数研究方法

低空经济发展指数，虽然有公司或营利机构也在研究和发布，但公信力不够，且不太关注国家政策引导。我们在研究评价指数时应该秉持以下原则。

1. 与国家政策取向保持一致

认真学习习近平总书记关于发展新质生产力的重要讲话精神，全面梳理国家低空经济发展相关领导部门的政策文件，包括中央空管委、空军、国家发展改革委、工业和信息化部、中国民航局、公安部、国家体育总局、中国气象局、应急管理部、国家卫生健康委、市场监管总局等，发挥评估指挥棒的作用，把相关要求纳入评级体系，比如安全、协同、创新、绿色发展等。

2. 评价指标数据获取便利性原则

评价指数的构建，要充分考虑数据的可获得性和便利性。尽量从公开数据或商用数据库获取数据，必要时由参评方提供并认真核查。低空经济发展涉及面很宽，直接获取数据困难时，可以间接替代。例如，创新指标中，人才很关键，由于低空经济发展涉及面很宽，很难统计哪些人是低空经济方面的人才，我们可以通过统计本地区高校、科研机构的人才培养数量和高端人才数量来代替。

3. 定性与定量相结合

采取定性和定量相结合的综合评价方式。现在硕士研究生招生考试，分两个阶段：一是初试，即全国硕士研究生统一招生考试；二是复试，以接收学校面试为主，考官独立主观打分。每个招生单位，先对外公布录取规则，即复试和初试占最终录取成绩的比重，目前是复试不超过 50%。这其实就是定性主观判断和定量客观判断相结合的评价方式。单位考核也是如此，以中国民航大学为例，对二级学院的考核是这样进行的：首先，将不同性质的二级学院分到不同类别，分类评价，每类有量化 KPI，每年由学校各机关部门定量打分；然后，二级学院述职，二级学院之间互相打分，校领导参与所有类别考核打分，校领导和院领导打分权重不一样，这样形成一个定性的主观分。两者按照一定权重合在一起，构成二级学院最终的考核结果。以上方法也完全适用于区域低空经济发展的评估。

4. 区域分类评价原则

目前已经发布的两种类似的评估报告不太科学：一是把全国所有城市不分大小一起评；二是把全国 31 个省、市、自治区全部排名，分成几档。我们认为，不同城市规模差别很大，一起评估排名不太科学，我们拟采用分类评估的方法。比如国家最近定调了北京等 7 个超大城市、南京等 15 个特大城市。可以按照超大、特大、其他分类排名。此外，为了和中央因地制宜发展新质生产力的要求保持一致，避免各地过分重视排名结果，只公布排名靠前的地区。

10.3 评价指标体系的构建

按照上述研究原则，我们初步确定了以下评价指标体系。它分为"安全治理""政策支撑""产业基础""创新动能""应用场景""绿色发展"6个一级指标，如表10-1所示。下面分别进行介绍。

表10-1　低空经济区域竞争力评价指标体系

一级指标	二级指标	三级指标	指标说明
安全治理	安全制度	安全管理制度文件	地方政府出台的相关安全管理制度文件，内容涉及管理机制、政策支持、产业引导等可操作内容
	执行力度	机构设置、人员配备、技术设备配置	地方政府在低空安全治理方面设置的机构、配备的人员数量及相关技术支撑情况统计
	安全事故	重大事故率	重大事故影响、事故造成的损失情况
		年度飞行事故率（次/万架次）	统计年度低空飞行事故情况
政策支撑	制度保障	低空经济专项政策	发布的地方政策，包含管理机制、产业引导，政策支持和执行力度等相关内容细节
		低空经济示范项目情况	国家各部委批准的低空经济示范项目统计
	法治建设	低空飞行空域管理细则完善度	地方发布的关于低空飞行空域管理细则情况
		地方出台相关法规情况	是否出台相关地方低空经济治理法规，考察有没有，以及好与坏
产业基础	产业规模	低空经济规模以上企业数量（含独角兽企业数量、专精特新"小巨人"企业数量）	包含数量、规模，都要体现出来，规模以上企业、上市企业、国家专精特新"小巨人"企业、国家高新技术企业、省专精特新中小企业、省创新型中小企业分类统计
		低空经济从业人口总量	统计区域内参与低空经济行业工作人员的总量
		低空经济年产值（亿元）	涵盖低空经济上中下游全产业链产值，包括制造、基础设施、应用
	基础设施	通用航空机场和起降点的数量及规模	统计通用航空机场的数量及规模、无人驾驶航空器起降点数量及规模
		低空飞行服务站数量和运营情况	主要统计有人通用航空飞行服务站情况
		低空综合监管服务平台建设和运营情况	智能监控平台建设情况，主要针对无人机运营相关情况
		低空航线数量	统计低空航线数量
		低空航线里程数	统计低空航线里程数

续表

一级指标	二级指标	三级指标	指标说明
产业基础	基础设施	航空运动营地情况	统计航空运动营地数量及规模
		低空试飞测试基地情况	统计是否拥有低空试飞测试基地，以及规模和运营情况
	投资强度	低空经济地方政府投资额（亿元）	统计地方政府的投入力度
		低空经济企业融资额（亿元）	统计企业的融资能力
		地方产业引导基金规模	统计地方政府在产业引导方面的力度
创新动能	技术研发	低空经济相关国家级、省部级科研项目数量	相关科研项目数量及金额的年度统计数据
		低空经济有效发明专利数量（件）	区域内创新研发能力统计
		低空经济成果转化数量及金额	区域内成果产业化能力统计
		TC/AC/PC/OC 认证数量	通过认证的企业及型号信息，逐项分类填写，TC/AC/PC 是生产型号维度，OC 是面向运营企业
		无人机探测与反制企业获证情况	企业获得证书情况，分别填写
		标准体系建设的完备程度	低空经济领域标准发布的数量和质量
		其他相关安全产品使用许可证获取情况	其他信息按实际情况填写
	创新资源	高校数量	区域内高校情况统计
		科研机构数量	区域内独立科研院所信息统计
		高端人才数量	区域内国家级人才和省部级人才
		高校和科研机构的人才培养规模	全口径统计区域内人才培养产出，在校大学生、研究生总量
		产学研合作平台数量	统计区域内参与低空经济产学研合作平台情况
应用场景	飞行规模	传统通用航空器数量	统计传统通用航空器数量
		传统通用航空器累计飞行时数	统计传统通用航空器累计飞行时数
		无人机注册数量	统计无人机注册数量
		无人机实际飞行时数	统计无人机飞行时数

续表

一级指标	二级指标	三级指标	指标说明
应用场景	公共服务	政府采购的公共服务规模	统计政府对低空经济公共需求情况，包括政府采购的应用场景数量及规模
		其他公共服务场景数量和规模	除政府采购以外的低空经济公共服务场景数量及规模统计
	商业化应用	典型应用场景数量和规模	无人机物流、空中交通、低空观光、农业、应急救援、能源巡检、影视拍摄等场景及规模，分别统计
		商业低空飞行的规模	商业低空飞行的规模，包括飞行时数、起降架次等
	航空运动	航空运动科普和相关赛事组织情况	统计各类航空运动科普活动的开展情况和相关赛事组织情况
		航空运动赛事获奖数量	统计相关赛事获奖情况
	飞手	总飞手数量	各类持证飞手数量统计
		各类持证飞手情况	分类统计各类持证飞手情况，大中小型，基础、机长、教员等
绿色发展	绿色发展成效	碳排放交易量	量化绿色转型成效，对接"双碳"目标
		绿色发展效果	从减少碳排放、提高能源效率、降低环境污染、优化资源配置等方面达成绿色发展效果

"安全治理"一级指标下有"安全制度""执行力度""安全事故"3个二级指标和 4 个三级指标。安全发展是底线。安全治理方面，我们主要看地方政府出台的相关安全管理制度文件；低空安全治理能力建设情况，包括专门机构设置、人员和技术设备配备情况，比如"空中交警"队伍建设和执法手段配备；安全水平，包括年度飞行事故率和重大事故率。

"政策支撑"一级指标下有"制度保障"和"法治建设"2 个二级指标和 4 个三级指标。政策作为政府在市场中发挥引导作用的重要体现，具有不可忽视的价值。在制度保障方面，我们主要对地方为推动低空经济发展而发布的相关政策进行全面考察，其中包括管理机制的科学性与合理性、产业引导政策的精准度和有效性、政策支持力度的大小，以及政策执行过程中的实际力度和效果等诸多细节。同时，对于国家各部委，如国家发展改革委、中国民航局等批准的低空经济示范项目，也会进行详细的情况统计与分析，以便深入了解该领域的示范引领情况。在法治建设方面，一方面，我们会从地方所发布的关于低空飞行空域管理细则的具体情况出发，综合评估其完善程度，确保低空飞行活动在空域管理上有章可循、规范有序；另一方面，我们着重考察地方是否已经出台了针对低空经济治理的相关法规，以及这些法规在内容上的具体细节，包括法规的适用范围、责任界定、处罚措施等，从而全面衡量低空经济领域的法治建设水平。

"产业基础"一级指标下设"产业规模""基础设施""投资强度"3个二级指标，包含 13 个三级指标，是低空经济发展的根本支撑。在产业规模方面，重点评估区域内低空经济企业的数量、规模和发展质量，具体包括规模以上企业、上市企业、国家专精特新"小巨人"企业、国家高新技术企业、省专精特新中小企业、省创新型中小企业等 6 类企业的数量统计，以及区域内低空经济从业人员总量和年产值，涵盖低空经济上中下游全产业链产值，包括制造、基础设施和应用 3 个环节。基础设施方面，主要考察区域内低空经济相关设施的建设和运营情况，包括通用航空机场和起降点的数量及规模、低空飞行服务站的数量和运营状况、低空综合监管服务平台的建设和运营情况、低空航线数量、低空航线里程数、航空运动营地的情况、低空试飞测试基地的情况。投资强度方面，重点评估地方政府在低空经济领域的投入力度，包括地方政府投资额、企业融资额和地方产业引导基金规模。

"创新动能"一级指标下设"技术研发"和"创新资源"2 个二级指标及 12 个三级指标，全方位、多层次地对创新动能进行衡量，凸显创新动能是低空经济发展的核心驱动力。技术研发方面，通过多方面的关键指标来精准考量区域内的创新研发实力。一方面，低空经济相关的国家级、省部级科研项目数量，以及有效发明专利数量，直观地展现了该区域在创新研发领域的活跃程度与技术积累；另一方面，成果转化的数量及对应的金额，则是衡量区域内将科研成果成功转化为实际生产力的关键尺度，反映了创新研发与产业发展之间的有效衔接及转化能力。此外，TC/AC/PC/OC认证数量、无人机探测与反制企业的获证情况、标准体系建设的完备程度，以及其他相关安全产品使用许可证的获取情况等指标，从不同角度综合勾勒了区域内总体研发能力的全景图，体现了在技术研发过程中对标准、安全等方面的重视与实力。创新资源方面，区域内高校数量、科研机构数量、高端人才数量、高校和科研机构的人才培养规模，以及产学研合作平台的数量等一系列数据指标，反映了区域内人才储备、科研机构布局及产学研协同创新的资源状况。这些丰富且多元的创新资源，为低空经济的持续创新与发展提供了坚实的人才保障和智力支持。

"应用场景"一级指标下设 "飞行规模""公共服务""商业化应用""航空运动""飞手"5 个二级指标，以及 12 个三级指标，全方位、多角度地对低空经济的应用场景进行综合考量。飞行规模方面，对传统通用航空器和无人机的相关数据进行分别统计，不仅涵盖传统通用航空器的数量及其累计飞行时数，还包括无人机的注册数量及实际飞行时数。这些数据，能够清晰衡量低空领域内不同类型飞行器的运行规模与活跃度。公共服务方面，详细统计政府采购的公共服务规模，同时兼顾对其他公共服务场景的数量与规模的统计，全面呈现低空经济在公共服务领域的覆盖范围与发展态势。商业化应用方面，对典型应用场景数量和规模展开详细统计，如无人机物流、空中交通、低空观光、农业、应急救援、能源巡检、影视拍摄等场景及规模。除此之外，还对商业低空飞行的规模进行统计，包括飞行时数、起降架次等关键数据，全面反映商业化应用的实际发展水平。航空运动方面，注重对航空运动科普活动的开展情况、相关赛事的组织情况及航空运动赛事的获奖数量进行统计。这些数据不仅体现了航空运动在大众普及和竞技层面的发展成果，也为低空经济注入了活力与文化内涵。至于飞手方面，则将统计重点聚焦各类持证飞手。通过对总飞手数量、各类持证飞手情况等信息的掌握，深入了解低空领域专业人才的储备状况，为低空经济的持续健康发展提供有力的人力支撑。

"绿色发展"作为引领低空经济高质量前行的一级指标，下设"绿色发展成效"核心二级指标，通过科学引入区域内碳排放交易量、绿色发展效果等替代指标，对区域低空经济的可持续发展能力进行全面且精准的综合评估。

10.4 评价指标数据的来源

本研究遵循合理性、科学性和权威性的原则选取各评价指标的数据来源。评价指标数据的主要来源包括：国务院各部委官方发布的统计公报、统计数据、政策文件及情况通报；中国航空运输协会等相关协会组织发布的数据和报告，如中国航空运输协会每年发布的通用航空和无人机发展报告；商业数据及中国知识资源数据库发布的数据。少量公开难以获取，但对评估又很重要的数据通过官方渠道，要求参评地区提供并核查。为了保证数据真实性，这部分数据要求地区提供相关证明材料，不提供相关材料的地区认为自动放弃参评资格。

10.5 评价方法的确定

我们拟采用以下综合评价方法。首先，按照 10.3 节确定的评价指标体系和 10.4 节确定的评价指标数据来源，通过层次分析法计算各指标权重，由此得出量化评价得分。其次，由相关权威专家投票给出主观评价分。最后，对定量评价结果和专家定性打分结果进行综合。为了鼓励各地因地制宜发展低空经济，不盲目攀比，发布形式是只公布排名靠前的地区，希望它们发挥引领示范作用。此外，我们将采取地区分类评价和发布方式。

10.6 本章小结

本章对地区低空经济区域竞争力评价指数进行了初步探索，我们拟采取循序渐进的发布方式，不断优化评价体系和评价方法，从而引导各地因地制宜、安全健康高质量发展低空经济。

延伸阅读资料

① 习近平. 发展新质生产力是推动高质量发展的内在要求和重要着力点. 期刊文章（求是），2024 年.

② 宋志勇. 高质量发展通用航空和低空经济. 期刊文章（学习时报），2025 年.

③ 中华人民共和国国家发展和改革委员会. 低空经济发展司召开推动低空基础设施建设座谈会. 官方报道，2024 年 12 月 27 日.

④ 中华人民共和国国家发展和改革委员会. 低空经济发展司召开推动低空智能网联系统建设专题座谈会. 官方报道，2024 年 12 月 27 日.

⑤ 中华人民共和国国家发展和改革委员会. 低空经济发展司召开促进低空经济安全规范发展座谈会. 官方报道，2025 年 1 月 9 日.

⑥ 中华人民共和国国家发展和改革委员会. 低空经济发展司传达部署加强安全监管工作要求. 官方报道，2025 年 1 月 23 日.

⑦ 中华人民共和国国家发展和改革委员会. 近期推进通用航空业发展的重点任务. 文件，2016 年.

⑧ 国家体育总局航空无线电模型运动管理中心. 体育总局航管中心关于促进低空经济发展的若干意见. 文件，2024 年.

⑨ 中国民用航空局综合司，中国民航高质量发展研究中心. 中国民航发展阶段评估报告. 图书（中国民航出版社），2021 年.

⑩ 中国民航高质量发展研究中心. 中国民航高质量发展评估报告. 图书（中国民航出版社），2024 年.

⑪ 中国新一代人工智能发展战略研究院. 中国新一代人工智能科技产业区域竞争力评价指数. 报告，2024 年.

⑫ 中国航空运输协会通用航空工作委员会. 2022—2023 中国通用航空发展报告. 报告，2023 年.

⑬ 中国航空运输协会研究咨询中心. 2023—2024 中国无人机产业发展报告. 报告，2024 年.

⑭ 36 氪研究院. 2024 年中国低空经济发展指数报告. 报告，2024 年.

⑮ THOMAS L. SAATY. A Scaling Method for Priorities in Hierarchical Structures. 期刊文章（Journal of Mathematical Psychology），1977 年.

⑯ TZENG G H, HUANG J J. Multiple Attribute Decision Making Methods and Applications. 图书（CRC Press），2011 年.

⑰ SHANNON C E. A Mathematical Theory of Communication. 期刊文章（Bell System Technical Journal），1948 年.

CHAPTER 11
第 11 章

未来低空飞行梦

2025 年全国两会期间，人民日报社和央视新闻记者都给著者出了个命题作文：畅想未来低空飞行梦。

2024 年，著者应邀在全国许多地方做低空经济发展的报告。有一次报告过程中，著者突然问自己一个问题：政府工作报告中，提到积极培育生物制造、商业航天、低空经济等战略性新兴产业，低空经济排到最后，为何又最热？著者突然想到了美国黑人民权运动领袖马丁·路德·金的著名演讲《我有一个梦想》（*I have a dream*）。因为飞行汽车几乎成了低空经济的形象代言人，人人都有一个梦想，开车出行遇到堵车时，汽车原地起飞，再飞向目的地。相对而言，生物制造和商业航天比较抽象，社会大众不太了解其内涵，故而难以热起来。

著者有一个梦想，今后路上发生严重交通事故导致拥堵时，载重量很大的电动无人机或直升机很快飞到出事地点，先航拍取证，再用两个大钳子把出事的车子夹住直接飞走，送往维修地点，交通拥堵立即得到疏解。

著者有一个梦想，著者所在的中国民航大学东丽和宁河两个校区之间开通低空航线，学生和老师可以乘坐 eVTOL 自由流动，沿途飞越天津著名的七里海国家自然保护区（比邻中国民航大学宁河校区），空中欣赏常年栖息在这里的 200 多种 50 多万只鸟和美丽的湖面风光。这会给建设中的中国特色世界一流中国民航大学增添独特的航空元素和魅力。

著者有一个梦想，未来人人都当小飞侠。著者在美国 Florida 大学做博士后和访问教授时，经常带儿子去附近的迪士尼乐园玩。儿子最喜欢看《小飞侠》的实景表演。小飞侠是迪士尼电影《小飞侠》（*Petre Pan*）的主角，它有不可思议的天赋及能力，能在天地之间来去自如地飞行。这在未来可能不是梦，我们每个人可以像小飞侠那样，穿上新能源飞行服，自由翱翔在空中。遇到紧急情况时，随便按下衣服上的某个应急开关，弹出降落伞，人就被吊起来缓缓地平安落地。

这是本书的结束语部分。写到这里，喜欢音乐的著者突然想起了著名歌手张雨生演唱的一首歌——《我的未来不是梦》。"我的未来不是梦，心跟着希望在走"，这就是著者未来的低空飞行梦。蓝天梦，中国梦，梦想成真！

后　记

　　我从下决心写本书到最后定稿，只用了短短几个月时间。之所以决定如此短的时间内快速写完本书，有三个主要原因。一是低空经济发展太快，社会关注度也高。二是国家发展改革委正紧锣密鼓地开展顶层设计，需要广开言路听取各方面意见。三是中国航空运输协会将于 2025 年下半年举办第三届 CATA 航空大会，会议主题定位是"安全护航两翼齐飞，数智领航共创未来"。作为中国航空运输协会的理事和通用航空分会原协调负责人，本书算是献给此会的贺礼。

　　迄今为止，我已经出版专著 5 部（其中英文专著 2 部）。这 5 部专著中，有一部专著是《用科研的方式参政议政》。该书于 2019 年 10 月由中国文史出版社出版，并被全国政协书院电子书库收藏，供全国和各地政协委员阅读使用，它也是该平台收录的两部"委员履职类"专著之一。本书可以算是该书的姊妹篇，但其内容介于该书和其他纯学术专著之间，同时包括政策建议和技术研发两部分。在技术研发部分，本书没有考虑上游涉及的航空器设计、制造和适航取证等内容，更多涉及中游的基于低空智联网的低空飞行服务保障和安全治理，除了适航审定，这也是民航的主要职责所在，也是我一直从事的专业领域。

　　感谢我所在科研团队广大教师、博士后和博士生的全力支持与配合，使我得以在如此短的时间内完成本书的写作任务。由于时间仓促，错误在所难免，请读者多多包涵和批评指正！

吴仁彪

2025 年 3 月 29 日

定稿于中央社会主义学院

反侵权盗版声明

　　电子工业出版社依法对本作品享有专有出版权。任何未经权利人书面许可，复制、销售或通过信息网络传播本作品的行为；歪曲、篡改、剽窃本作品的行为，均违反《中华人民共和国著作权法》，其行为人应承担相应的民事责任和行政责任，构成犯罪的，将被依法追究刑事责任。

　　为了维护市场秩序，保护权利人的合法权益，我社将依法查处和打击侵权盗版的单位和个人。欢迎社会各界人士积极举报侵权盗版行为，本社将奖励举报有功人员，并保证举报人的信息不被泄露。

举报电话：（010）88254396；（010）88258888

传　　真：（010）88254397

E-mail：　dbqq@phei.com.cn

通信地址：北京市万寿路 173 信箱

　　　　　电子工业出版社总编办公室

邮　　编：100036